歴史文化ライブラリー
526

沖縄戦の子どもたち

川満 彰

吉川弘文館

目　次

1　もし，子どもの時に戦争があったら

もし、子どもの時に戦争があったら――プロローグ

戦争に疑問を持たなかったあの日

今から七六年前、沖縄で地上戦があった。読者のみなさんは「もし、子どもの時に戦争があったら」と想像したことはあるだろうか。「もし、子どもの時に戦争できょうだいを亡くしたら」「もし、子どもの時に戦争で両親を亡くしたら」「もし、子どもの時に戦争でひとりぼっちになったら」「もし、子どもの時に戦争で死んでいたら」。本書でいう子どもとは、国際連合の「子どもの権利条約」で定められた一八歳未満の児童（子ども）のことをいう。

その多くの子どもが、戦争が起こるとどうなるのかについて疑問を持たない時代があった。日本本土以外で戦争に勝利するたび、大人たちは歓声をあげ祝宴をあげた。その背中をみていた子どもは、戦争は正しいと信じ、日本軍が侵略した国は日本国より劣り、敵国

民は悪い人だと思い込むようになった。

小学校の教科書には「ススメ ススメ ヘイタイ ススメ」と記され、子どもはそれを大きな声で音読し、先生は国のために戦っている兵士は立派で英雄だと子どもに教えた。子どもは徐々に兵隊へ憧れを募らせた。

そして子どもが兵役義務の年齢に達すると、「お国のため」というスローガンのもと、自ら進んで戦場へと向かうようになった。その後ろ姿をみた親たちは泣く泣く万歳三唱で見送った。そして息子が戦地から白木箱で帰ってくると地域では英霊として迎えられ、父は、母は、壮大な葬儀を終えた後にしか、泣くことを許されなかった。いつしか白木箱は戦死公報という一枚の紙切れへと替わった。沖縄戦が始まる前の戦時中のことである。

いったい、どれぐらいの子どもが沖縄戦に巻き込まれ、生き残り、あるいは犠牲となったのだろうか。結論から述べると不明である。

未解明の沖縄戦—一般県民戦没者数

一九五七年、琉球政府が発表した沖縄戦没者総数は二〇万六五六名で、沖縄県出身者一二万二二八名、他都道府県出身兵六万五九〇八名、米軍一万二五二〇名となっている。

その沖縄県出身者は一般県民九万四〇〇〇名と沖縄県出身軍人・軍属二万八二二八名とに分けられ、図1には記されていないが、一般県民九万四〇〇〇名は、「戦闘参加者」五万五二四六名と「一般住民」三万八七五四名に区分される。

「戦闘参加者」とは「戦傷病者戦没者遺族等援護法」（以下、援護法）を適用させるために、日本政府があえて設けた分類であり、その内容は、例えば住民が日本軍に壕を追い出されて犠牲となったことを「壕を提供して戦死した」、強制されて軍属となり戦死したことを「志願して軍属となり戦死した」など、積極的に軍に協力したようにみせかけた記述となっている。また、多くの子どもが沖縄戦で犠牲となっていることから、六歳未満つまり〇歳児も戦闘参加者と位置づけられており、沖縄戦の実相を歪曲する分類となっているのが実態である。また、「一般県民」項目の九万四〇〇〇名という犠牲者数も大きな疑問となっている。

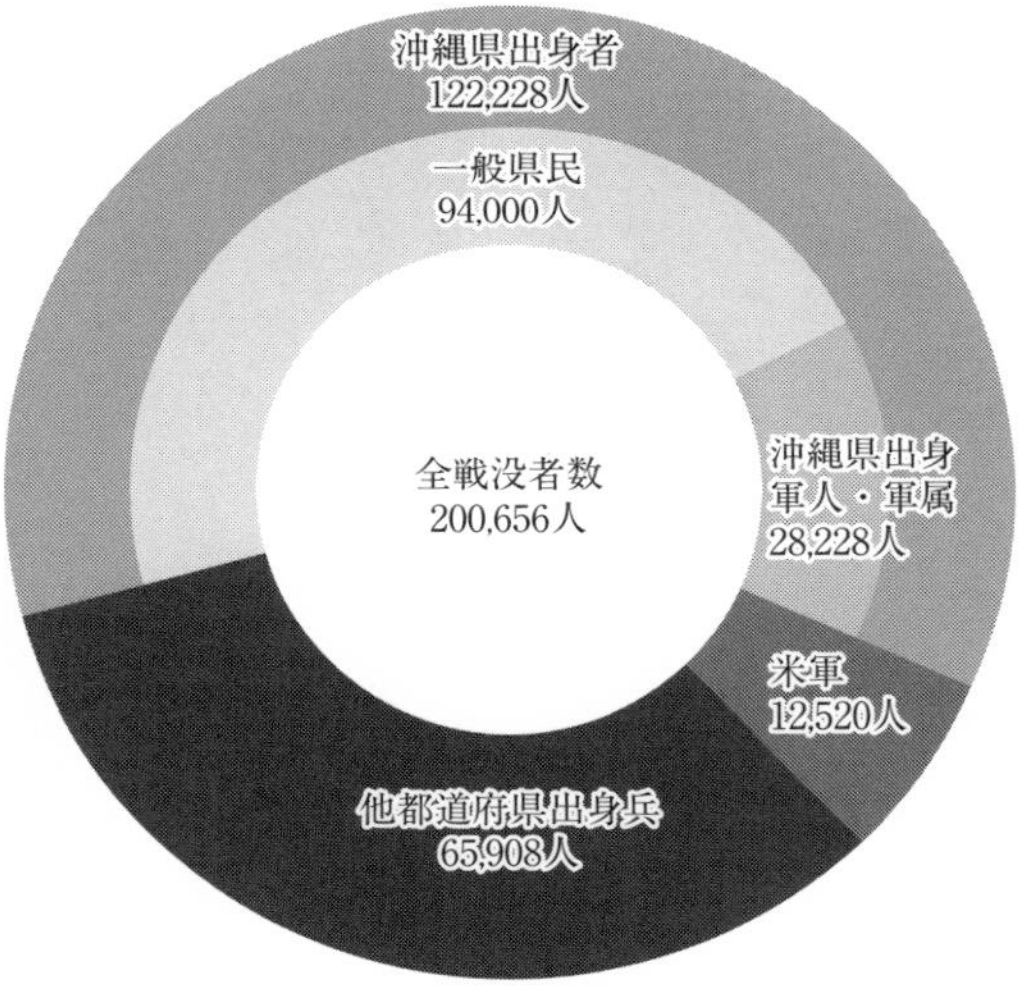

図１　沖縄戦戦没者総数の推計（『沖縄県平和資料館総合案内』）
イギリス兵・朝鮮半島出身者・台湾出身者は含まない．

沖縄国際大学名誉教授の安仁屋政昭は、三万八七五四名の「一般住民（推定）の犠牲者数について、死者は正確な調査に基づくものではない」と計算上の問題点も含めて指摘しつつ、①マラリア死・餓死などは、援護業務のうえでは必ずしも沖縄戦の死者とは考えられていない、②「戦闘参加者」として統計にあがっている者と、黙殺されている者とがあるなど、沖縄戦戦没者の対象者が明確になっていないことなどをあげ、「一般沖縄県民の死者は十五万人を上回ると推定される」と述べている（安仁屋政昭『裁かれた沖縄戦』）。

日本政府は、一般県民に対して援護法の適用を検討するため、一九五二年に三名の厚生省事務官を沖縄に派遣し調査を行っていた。その一人である木村忠は、国会で「終戦直後琉球政府が調査いたしましたところによりますると、終戦前におりました沖縄島の住民四十九万二千百二十八人の中から出た戦没者の数は、十六万五千五百三人ということになっておるのであります。もちろんこれは今残つておりまする者から調査いたしたものでありまして、戸籍等が全然焼けてしまつておりまする状況におきまして、今生き残つておりまする人々によりまして調査いたしました数でございますので、これよりも多くなることはありましても、少ないということは考えられない数字でございます」と報告している（石原昌家『援護法で知る沖縄戦認識』）。

厚生省事務官木村忠の報告と安仁屋政昭の「十五万人を上回る」の数字は近く、沖縄県の一般県民戦没者数九万四〇〇〇人との乖離はあまりにも大きい。

また、引揚援護局勤務厚生事務官だった馬淵新治《まぶちしんじ》は、戦後五年後の一九五〇年三月末までに申告した「陸軍関係戦闘協力者」（後の「戦闘参加者」の基礎資料）は四万八五〇九名で、そのうち一四歳以下は一万一四八三名と述べている（陸上自衛隊幹部学校『沖縄作戦講話録』）。その調査年から推測すると、木村忠の「終戦直後琉球政府が調査」した「十六万五千五百三人」を参考にした人数とも考えられるが、その根拠は不明である。だが、馬淵のいう一四歳以下一万一四八三名は「戦闘協力者」としての戦没者なので、軍に協力できない幼い子どもなど、安仁屋が指摘する「黙殺されている者」も相当数いるはずであり、実際の一四歳以下の戦没者は「戦闘協力者」の何倍にもあたると推測する。

沖縄県は、一九九五年に戦後五〇周年記念事業として平和の礎《いしじ》を建立した。国籍・人種の区別、敵味方関係なく沖縄戦で亡くなった人々の名前を刻む取り組みは、戦争の悲惨さ・無意味さを世界に向け知らせる意味で、県内外に止まらず海外からも高く評価されている。平和の礎に刻まれた名前は、二〇二〇年六月現在、二四万一五九三名であり、そのなかで沖縄県出身者は一四万九五四七名となっている。ただし沖縄県出身者は、時期においては一九三一年から始まった一五年戦争で戦没した人たちを含み、また地域は沖縄に限っていないため、沖縄戦での戦没者数は不明なのが実状である。

沖縄島南部の子どもの戦没者数

本文に入る前に、最も激戦地だった沖縄島南部の糸満《いとまん》市・八重瀬《やえせ》町・南城《なんじょう》市・南風原《はえばる》町の子どもの戦没者数（一部学童疎開犠牲者も含む）をみてみたい。五月下旬、南部では第三二軍が首里《しゅり》から撤退し前線が南下したことで、住民は「鉄の暴風」といわれるほどの激しい空爆や艦砲射撃に見舞われ、その渦中では米軍だけでなく日本軍からも襲われる戦況に陥っていた。現在の糸満市は戦前の糸満町・兼城《かねぐすく》村・高嶺《たかみね》村・真壁《まかべ》村・喜屋武《きやん》村・摩文仁《まぶに》村の一町五村、南城市は佐敷《さしき》村・知念《ちねん》村・玉城《たまぐすく》村・大里《おおざと》村（現与那原《よなばる》町地域を除く）の四村、八重瀬町は東風平《こちんだ》村・具志頭《ぐしちゃん》村の二村が合併している。南風原町は戦前の南風原村である。戦前の南部は一町一三村（豊見城《とみぐすく》村含む）で、今回調査した二市二町はそのなかの一町一二村を占める。

この地域の住民は地上戦が始まる前に北部へ避難する人もいたが、逃げ遅れた住民は多く、戦没地が南部に集中している。今回、八重瀬町・南城市・南風原町から年齢別の戦没者人数のデータを提供していただいた（糸満市は『糸満市史 資料編七・戦時資料 下巻』に掲載されている）。一部の自治体（与那原町・豊見城市）が含まれていないこと、各『市町村史』それぞれの調査なので統一された調査項目になってはいないが、南部で戦没した子どもの戦没状況はイメージできると考える。当時の人口・戦没者は、『沖縄県史 各論編六・沖縄戦』を参考にした。

表1　糸満市の子どもの戦没者数（14歳未満の戦没者数）

旧自治体名	糸満町	兼城村	高嶺村	真壁村	喜屋武村	摩文仁村	合　計
戦没者数	336	414	479	606	192	446	2,473

※　『糸満市史 資料編七・戦時資料 下巻』の字単位で出された戦没者数を町村ごとに合算した．

※　糸満市の当時の人口は24,811名，戦没者は9,403名．

表2　南城市の子どもの戦没者数

年　齢	0～10歳	11～18歳	合　計
戦没者数	949	789	1,738

※　南城市の当時の人口は26,185名，戦没者は6,715名．

表3　八重瀬町の子どもの戦没者数

旧自治体名	0～10歳	11～18歳	合　計
東風平村	774	482	1,256
具志頭村	573	267	840

※　八重瀬町の子どもの戦没者合計は2,096名．

※　八重瀬町の当時の人口は15,214名，戦没者は6,303名．

表4　南風原町の子どもの戦没者数

年　齢	0～9歳	10～19歳	合　計
戦没者数	736	483	1,219

※　南風原町の当時の人口は8,899名，戦没者4,016名．

表1～4の一町一二村の子どもの戦没者数は、年齢範囲に違いはあるが、あわせて七五二六名となっている。この子どものなかには、一部だが学童疎開で犠牲となった子ども、鉄血勤皇隊《てっけつきんのうたい》・女子看護隊の少年少女たちも含まれている。統一された年齢での戦没者数ではないが、改めて子どもの戦没者数の多さと、年齢が低い子どもほど犠牲となっていることがわかる。

沖縄という小さな島での地上戦は、子どもにとって休まる場所はどこにもなかった。戦没した要因は様々で米軍からの攻撃もあったが、日本軍による虐殺などもあった。中南部では死体を踏みつけながら逃げまどい、また住民も生きのびるために子どもを壕から追い出したり、目の前で子どもが住民に殺されることを、暗黙に了承する場面もあった。北部では山中のなかを餓死するまで、もしくはその寸前までさまよった。宮古《みやこ》島・八重山《やえやま》諸島では米軍が上陸しなくても住民は戦争マラリアで苦しみ、多くの子どもが命を落とした。なぜ、守らなければならない子どもたちが兵士となって戦場に立ち、あるいは「鉄の暴風」禍に放り出されなければならなかったのか。その道筋をつくったのは大人だった。本書は、これまで蓄積された沖縄戦に関する資料を一八歳以下の子どもに焦点をあて、改めて整理したものである。

本書をまとめるにあたって、子どもの沖縄戦をより身近に考えるため、沖縄戦の実相を表す場合、戦没者の「率」での表記は引用資料でパーセントでしか表されていない場合とし、出きる限り戦没者の「人数」を用いた。

「もし、子どもの時に戦争があったら」。

現在の子どものおかれた社会状況と照らし合わせながら読み進めていただければ幸いである。

子どもの教育

兵士となるために

日本人になるために――同化教育・皇民化教育の始まり

琉球国から日本国へ

沖縄戦では、多くの子どもや若者が戦場を逃げまどいながら、あるいは兵士として命を落とした。当時の少年少女は国へ奉仕するという考えが自然の流れであり、多くの少年は軍隊に憧れ、少女らは男子を産み育て、銃後を護る「良妻賢母」となることが目標だった。なぜ彼らは、国へ奉仕する戦争は正義であり、進むべき道だと信じていたのだろうか。その背景には一八八〇年代後半頃から政府が推し進めた「富国強兵」、それにもとづく「国民皆兵」―徴兵制（後の兵役法）というしくみと、個人よりも国家が大事とする国家主義があった。政府は、その思想を国民に注入し統一化を図るため、その根幹となる「国体（天皇制）護持」をキーワードに国民を育成したのである。

子どもへの国家主義・軍国教育の始まりは少年らが一兵となり、少女が看護隊員となった沖縄戦（一九四五年）から振り返ると、六六年前の一八七九年に起きた「琉球処分」までさかのぼらなければならない。本文では、その六六年間の道のりを当時使用されていた「大和人《ヤマトウンチユ》」と「沖縄人《ウチナーンチユ》」という言葉を用いながらみてみることにする。

一八六八年に産声をあげた明治政府が、最初に武力で侵攻したのは一八七四年の台湾出兵（征伐）であった。出兵のきっかけは、それまで中国（清国）と日本国という両属体制を保持していた琉球国（藩）の貢納船が首里《しゅり》から宮古《みやこ》島への帰島中に遭難、運よく台湾に漂着したが、貢納船の乗組員六九名中三名が溺死、五四名が台湾の原住民に斬首されたことだった。当時、明治政府の陸軍大輔（中将）だった西郷従道《さいごうつぐみち》は、この事件を口実に台湾の原住民を征伐することで、琉球国を中国から切り離すとともに日本の支配下に組み入れ、あわよくば台湾を領地とすることを企んで侵攻したのである。

沖縄は、日本の長期間に及ぶ戦争の最終結戦の場となるが、近代日本における戦争の端緒にも利用させられていたのである。

そして台湾出兵から五年後の一八七九年三月、明治政府は武力でもって首里城に押し入り、四月四日、琉球国を名実ともに日本国の一県として併合した。「琉球処分」である。琉球処分を下したのは内務大書記官松田道之《まつだみちゆき》であり、松田は滋賀県令などを歴任した後、内務大書記官として一八七五年から来琉し、その四年後に琉球処分官として内務官僚四一名、武装警官一六〇名、熊本鎮台分遣隊《ちんだいぶんけんたい》（陸軍部隊）約三〇〇名を従えて首里城に押しかけたのである。

松田は「首里城の明け渡し」「清国との絶交」「尚泰王《しょうたいおう》の東京居住」「琉球の土地・人民と書類の引渡し」などを第一九代国王尚泰へ命じると、王府制を廃止し沖縄県庁を設置した。そして初代県令に鍋島直彬《なべしまなおよし》（一八七九年四月～八一年五月）が着任した。沖縄の統治者が琉球王府から明治政府に変わった瞬間であった。

東京ではその年、明治政府軍の戦死者を祀った東京招魂社《しょうこんしゃ》が靖国《やすくに》神社と改称（一八七九年六月四日）され、これから続発する戦争の犠牲者を英霊として祀る準備が始まった年でもあった。

国益と学校

明治政府の直轄《ちょっかつ》機関である県庁の官吏は主に他府県人、いわゆる大和人が担っており官吏一〇〇名中、沖縄人は二四名で内二二名は御用掛という最下位職だったという（近藤健一郎『近代沖縄における教育と国民統合』）。

県庁幹部らの目標は、日本の「国益」のために沖縄を近代化させるとともに、天皇の存在を沖縄人に知らしめ、天皇や明治政府に自発的な忠誠心を持たせることだった。そのために彼らが何よりも困ったのは本土とはまったく異なる言葉や慣習だったのである。

沖縄を統治し、近代化を推し進めるためには行政機能をスピーディーに整えるなど、適切な運営が必要不可欠である。そのため、沖縄人に法律や命令文書などを理解させ遵守させることが喫緊の課題となり、県庁官吏らは沖縄人に、何よりも先に標準語の読み書きや会話を習得させることを考えたのである。

初代県令鍋島直彬は「言語・風俗をして、本州と同一ならしむるは、当県施政上の、最も急務にして、其法固《もと》より教育に外ならす。因《よっ》て、至急普通の小学校を制定し、師範《しはん》学校を設置し、暫次《ざんじ》旧規を改良し、教育を普及ならしめ度候」と述べており、言語風俗を「本州と同一」にすることを県政の急務とした（同前書）。

その後、日本政府は戦争を拡大しながらアジア・太平洋地域へと植民地政策を推し進めるなか、現地の住民に対し日本語教育を始め、日本人となるための同化教育・皇民化教育を行っているが、その端緒は沖縄だったのである。

明治政府の学校「会話伝習所」

県庁に設置された学務課は、これまで地域にあった平等《ひら》学校・村学校・筆算稽古所と呼ばれた学校を復活させ、新たに標準語を教えるため、県庁内に会話伝習所を設置した。会話伝習所では大和人四名と沖縄人三名を合わせた七名が教員となり、生徒は弁当料という就学督励手当てを支給することで集めたという（同前書）。

当時、沖縄で学校に通う子どもの多くは、首里王府に従事していた役人層の子どもだった。県庁幹部らは彼らの子どもに就学を促すため、卒業後はより高い階級の資格を与えることを約束したが、王府から県庁へ変わったこと、新たな言葉「標準語」への反発などが重なり合って、就学率は低かったという（同前書）。

会話伝習所の特徴は「会話科」という科目が設置され、『沖縄対話』という教科書が配布されたことである。『沖縄対話』のページをめくると標準語で書かれた文書の右横に小さく沖縄語でルビがふられており、授業内容は標準語を沖縄語に訳しながら暗唱させる問答が中心だったという。当時、沖縄人は『沖縄対話』に記された標準語を「内地語」として、現在でいう外国語として認識していたので、授業以外に使用することはなく、普段の暮らしではもっぱら沖縄語だったという。

戦前の沖縄教育を研究する近藤健一郎は、『沖縄対話』の標準語は大和人が沖縄人より上位であるという「上下関係を明確にするために敬語が使用された」と述べている。さらに近藤は「汽車」「望遠鏡」「電信機」などの単語の取り上げ方に対し、「沖縄人の生活とは縁遠かった大和がもたらす」「進んだ」「文明を示していた」とし、言語の同一化を図りながら、大和人が沖縄人を支配するという関係を教えると同時に、進んだ大和と遅れた沖縄という関係を沖縄人に理解させること、「この点にこそ大和化の本質があった」と述べている（同前書）。

会話伝習所は、四ヵ月後、将来沖縄人が教員となって沖縄人（子ども）を指導できるように沖縄師範学校として新たなスタートをきることになる。しかし、標準語が定着するには時間がかかっており、一八九四年に沖縄を視察した一木喜徳郎《いちききとくろう》（後の貴族院議員）は「沖縄人は大和語を習はんとする気力なく」と回想している（同前書）。

『沖縄対話』は、各地で開校した小学校でも活用されていくが、徐々に標準語を訳する授業はなくなり談話形式の授業が定着し、しばらくして沖縄人が積極的に標準語を取り入れるようになると、小学校一年から標準語で授業が始まるようになったという（浅野誠『沖縄県の教育史』）。

時の経過とともに沖縄人が積極的に標準語を学ぼうとする背景には、徴兵制や海外移民などで、他府県人との流通や交流が盛んとなり、沖縄語が差別の対象として扱われるようになったことがあげられる。当時の徴兵適齢者の多くが就学経験を欠いていたため、兵士として入隊した沖縄県出身者は標準語をうまく話せず、軍隊内で差別を受けることが多々あったという（『沖縄県史　各論編五・近代』）。

また一九〇〇年代初期になると、子どもが沖縄語を使用すると「標準デナイ」言葉を使用したとして方言札を首から吊り下げられるという精神的な体罰が登場した。吊り下げられた子どもは、屈辱的で罪悪感に陥り、周りの子どもはそれをからかった。方言札は各学校で積極的に使用され、徐々に子どもにも標準語が定着するようになったのである。

愛国心・忠誠心づくりの学校

一八八一年、鍋島に代わって二代目の県令上杉茂憲《うえすぎもちのり》（一八八一～八三年）が沖縄に着任した。上杉は沖縄島および宮古・八重山《やえやま》・久米島《くめ》などを巡回し、初代鍋島と同様、標準語を使用させることによって愛国心や皇国への忠誠心を培養していくことが重要、という趣旨の「上申書」を政府に提出している（同前書）。翌年、小学校は上杉巡回前の一九校から五一校に急増した（近藤健一郎『近代沖縄における教育と国民統合』）。そして小学校に限られるが、一八八〇年前半には大和人だった教員も、一八九〇年代には沖縄人教員へと移行した（『沖縄県史　各論編五・近代』）。

そうしたさなかの一八八九年、大日本帝国憲法が発布された。大日本帝国憲法は、国家の主権は天皇にあり、天皇の地位は神聖で誰しも侵すことができず、天皇を支えることが臣民（国民）の役割という「国体護持」、天皇制を保持するということが謳われた憲法である。従って発布式は、大日本帝国憲法は明治天皇が定め、国民の代表である内閣総理大臣黒田清隆《くろだきよたか》に授けるという形式がとられた。国民は、この時点で天皇の臣民となり、臣民は天皇に忠誠を誓うという位置づけが確定したのである。

前述したように、沖縄の学校は設立時点から「言語・風俗をして、本州と同一ならしむる」（鍋島直彬）、「愛国心や皇国への忠誠心を培養していく」（上杉茂憲）場所である。従って政府が地域に学校を増やす目的は、子どもの知識・感性・身体などを育むだけでなく、天皇を頂点とした国民を形成・育成する地域拠点を増やすことでもあった。沖縄人を大和人に近づけるための同化教育、天皇に忠誠心を持つための皇民化教育は、各地で学校が増えることで拡がった。

さらに日本政府は、この時期から沖縄文化の本土化・西欧化にも力を入れていた。特徴的なの琉球王府時代のなごりである男子の結髪《けつぱつ》・女子の結頭（カンプーという）の禁止であり、服装は、男子は洋装へ、女子は一八九九年の県会（現県議会）で女子生徒の琉装の禁止が可決されたことで和装、そして洋装へと広がった。

「南門の守護」は愛国心で

明治政府は、欧米列強国によるアジア各地の植民地化をにらみ、自らも積極的に欧米側に立つことを選択した。いわゆる「脱亜入欧」である。そして、先を行く欧米列強国への遅れを取り戻すために「富国強兵」、資本主義を育成するための「殖産興業」をスローガンに、天皇制を主軸とした国家主義・軍事国家の道を歩きだした。

そのような政治背景のなか、清国とフランスの戦争が勃発（一八八四〜八五年）、清国の軍艦が八重山近海を航行したことをきっかけに、一八八六年に内務大臣山県有朋《やまがたありとも》、八七年に総理大臣伊藤博文、陸軍大臣大山巌《おおやまいわお》、海軍大臣西郷従道らが次々と沖縄にやってきた。そして別途、学事巡視として初代文部大臣森有礼《もりありのり》が来沖している（浅野誠『沖縄県の教育史』）。

軍事視察を目的とした山県は、一方で文部書記官を伴い師範学校・中学校・各地の小学校を視察している。その際に山県は、沖縄人に「要地たる南門の守護たらしめんとすることを意識づけるために「沖縄人の愛国心」を育てる教育を重視、「暫次之を誘導訓化する」ことが必要とし、教科書などは適宜工夫した方が望ましいと述べている（同前書）。

一八八七年二月六〜九日にかけ沖縄入りした森有礼は、県内の尋常師範学校・中学校・各小学校を巡視、各学校の運動会を視察した後、那覇《なは》の本願寺《ほんがんじ》出張所にて教育関係者を招集し女子教育について講演を行っている（鎌田佳子「森有礼の学事巡視」）。森の来沖は当初の予定になく、当時森が九州各県の学事巡業中に鹿児島県へ滞在中、沖縄尋常師範学校校長・相良長綱《さがらながつな》がやってきて「是非今回の巡回を幸ひ《ママ》沖縄県にも出張ありてその学事の有様を一覧せられたし」と依頼したことで沖縄県学事巡業が決まったという。

そして同年一二月、沖縄の県師範学校には他県にさきがけて御真影《ごしんえい》が下賜《かし》（身分の高い人が低い人へモノを与えること）された。御真影の下賜が最も早かった理由は、前述した鹿児島で相良長綱と森有礼が会った際に相良が森に対し御真影下賜を依頼したか、もしくは森や伊藤博文らが他県とはまったく異なる沖縄の文化や慣習を目の当たりにしたことが要因であろう。

いずれにせよ、軍部も官吏も沖縄県における教育の柱は「沖縄人の愛国心」を育てることを重要視しており、同化・皇民化教育はより強く推し進められた。

一八七三年に日本本土で始まった徴兵制は、一八八九年の大日本帝国憲法が発布される直前に法律第一号「徴兵令」として公布された。そして約一〇年後の一八九八年に沖縄島、一九〇二年に先島《さきしま》諸島でも施行されていく。徴兵制が施行された時期は、徴兵忌避《きひ》も多かったが、徐々に子どもの頃から学校で育まれた愛国心と、長引く戦争で徴兵制が兵役法へと移り変わるなか、男子は兵士という職業を夢見るようになり、沖縄人の男子は「南門の守護」だけでなく、皇国を護る意識が醸成されていった。

御真影と教育勅語

愛国心や天皇への忠誠心は、子どもたちの内面で、どのようにして芽生えたのだろうか。それは主に天皇の写真「御真影」と、天皇の言葉で綴られた教育の指針「教育勅語」が大きな柱となっている。

学校にやってきた御真影と教育勅語

政府が御真影を他県に先がけて沖縄県尋常師範学校に下賜したことは、前述したように天皇の存在をどこよりも早く県民に知らしめ、天皇に対する忠誠心を持った「臣民」を育成することである。そして大日本帝国憲法発布の一八八九年一二月、全国に御真影の下賜を許可する文部省総務局長通知が道府県へ送付されると、翌九〇年には教育勅語が発布された。御真影と教育勅語は、同年に開校した那覇・中頭《なかがみ》・国頭《くにがみ》高等小学校に下賜され、さらに翌年一月、宮古・八重山高等小学校へと海を渡った。実質的な皇民化教育のスタートである。

もともと政府の御真影製作の目的は、新統治体制の頂点である天皇を官庁・軍部に知らしめること、かつ外交手段の一つとして利用することであった（佐藤秀夫編『続・現代史資料八　教育・御真影と教育勅語一』）。しかし、初代内務大臣の大久保利通《おおくぼとしみち》は、天皇の全国六大巡幸（一八七二～八五年）が一段落すると、文部大臣森有礼の「全国津々浦々に天皇を知らしめる」という提案を受け、御真影を各学校に下賜したのである。

一八九九年に執り行われた瀬喜田《せきた》尋常小学校（現名護市）の御真影の奉迎式は、客員六七〇名・生徒三〇〇名余り・見物人一〇〇〇名が集まり国頭《くにがみ》郡長の式辞など、盛大かつ厳かに開かれている（西塚邦雄編『琉球教育（全一二巻）』）。

その三年後の一九〇二年一二月一八日、中頭郡の八校で御真影奉戴式が行われている。その様子は翌月の『琉球新報』（一九〇三年一月三日）に掲載されており、その内容は「校長・管理者（間切《まぎり》長）は上級生五人を児童総代として引率し、校旗携帯の上、午前八時県庁に参集、奉戴する学校及び安置する学校は途中で奉迎し、最寄りの学校は御通路にて、民家は国旗を掲げて奉迎し、安置する学校は一同整列に君が代合奏と共に安置」すること。そして「県庁から（御真影を奉遷する際、）近い所（学校）は白紙の上に白金巾で、其上を油紙、又其上を『紫さはり』で仮包し、両手で奉持し、遠い所（学校）は唐櫃《からびつ》に奉納し、金だんの覆いをなし、児童二名に奉担させ、郡長・校長奉護、知事閣下並に諸領の奉送にて庁門を出発。前衛は警官で、御通路の先払いをなし、上車馬の者は下り、被りものは取らしめ、平伏して奉迎せしめた」と記されている（『沖縄市　学校教育百年誌』）。

もう一つの柱である教育勅語が発布された翌年（一八九一年）、政府は御真影・教育勅語を取り扱う際の「小学校祝日大祭日儀式規定」を制定した。その内容は入場の仕方（つま先行進など）から奉読中の姿勢（参加者全員上体を四五度に維持）、退場に至るまで一連の厳格化された儀式の所作が記されており、儀式が厳かになればなるほど、御真影から放たれた威光は強くなり、子どもから大人まで、天皇に対する尊厳と畏怖的存在感がつくられていった。

御真影が下賜された学校は、学校長だけでなく地域にとっても名誉なことだった。他方、御真影が学校に置かれたことで、その管理は学校長に重くのしかかっていく。

教育勅語の成り立ち

もう一つの教育勅語はどのような経過でつくられたのだろうか。

教育勅語が発布される八ヵ月前（一八九〇年二月）、地方官会議（現全国知事会）が東京で開かれていた。各知事らは「真の日本人たるに恥さる者を養成することを希望する」（宮城県知事松平《まつだいら》正直《まさなお》）、「我が国家を重んずる即ち大和魂なるものを養成する趣意」（徳島県知事桜井《さくらい》勉《つとむ》）など、国家に対する国民の忠誠心が未熟であるという趣旨の意見を活発に出していた。地方官会議は、文部大臣・内閣総理大臣・内務大臣宛てに「徳育滋養《じよう》の義に付建議」を提出。その内容は天皇の国民にふさわしい、国家のために尽くす国民を育成することを望む、という趣旨だった（岩本努『教育勅語の研究』）。

「建議」を受けた総理大臣山県有朋は、文部大臣榎本武揚《えのもとたけあき》に対し「教育に関し、徳育の基礎となるべき箴言《しんげん》（教訓的な短い言葉）を編さんし、日夕《にっせき》（常に）児童をして読誦《どくしょう》せしむことにせよ」と命じている。文部大臣が榎本から芳川顕正《よしかわあきまさ》へと代わり、一八九〇年一〇月三〇日『教育ニ関スル勅語』、いわゆる教育勅語が発布された（同前書）。

教育勅語は「朕惟《ちんおも》フニ（天皇が思うに）」という言葉から始まり、「孝行（親孝行）」「友愛（兄弟愛）」「夫婦ノ和（夫婦円満）」「謙遜（つつましく）」など最初に家族愛を述べ、「公《こう》益世務《えきせいむ》（社会のために働く）」「遵法《じゅんぽう》（法律を守る）」「義勇《ぎゆう》（国のために真心を尽くす）」と、地域社会や国に尽くすことを述べている。そして「一旦緩急《かんきゅう》あれば義勇公に奉じ以て天《てん》壌《じょう》無窮《むきゅう》の皇運を扶翼《ふよく》すへし（もし危急の事態が生じたら、正義心を持って国家のために奉仕し、それによって永遠に続く皇室の運命を助けるように）」、「斯の道は実に我が皇祖皇宗《こうそこうそう》の遺訓にして（このような道は、実にわが皇室の祖先が遺した教訓であり）」、「子孫臣民の倶《とも》に尊守すへき所（子孫たる者および臣民たる者と共に大切に守っていかねばならず）」、（中略）「朕爾《なんじ》臣民と倶に拳々服膺《けんけんふくよう》して咸《みな》其徳を一にせんことを庶幾《こいねが》ふ（私も臣民とともに胸に刻むので全国民の徳が一つになることを心から願う）」と結ばれている（訳は筆者）。

徹底して教え込まれた国家のための道徳律、教育勅語は戦後七六年たった今でも暗唱できる戦争体験者がいる。

神格化された御真影と教育勅語

一九一〇年一一月、佐敷《さしき》尋常高等小学校で火事が発生した。御真影奉護室にあった御真影・教育勅語・戊申詔書《ぼしんしょうしょ》の謄本もすべて焼失。その様子は、翌日の『琉球新報』で「恐れ多くも御真影を焼失し奉る未聞の椿事《ちんじ》こそ出来《しゅったい》したれ」と記され、『沖縄毎日』には「言語道断沙汰の限りというべし」と掲載されており、社会的に大きな非難を浴びたことがわかる。本山万吉《もとやままんきち》校長と東《ひがし》恩納《おんな》准訓導《くんどう》は免職処分となった。

時を経て一九三三年、第一大里《おおざと》尋常高等小学校（現南城市）で教育勅語および戊申詔書が盗難に遭うという事件が発生した（『大阪毎日新聞』一九三三年一月七日付）。この事件は県会でも取り上げられ、県学務長は全学校長に警告的通牒を発した。校長の瀬《せ》長清《ながきよし》は責任をとり割腹自殺を図ったという（『沖縄県史　第一〇巻各論編九・沖縄戦記録二』）。

さらに一九三四年には、多良間《たらま》島の国民学校長平良恵清《たいらけいせい》が御真影にシミをつけたことで県視学（学校教職員指導者）から始末書を書かされ学校を去っている（同前書）。越来《ごえく》国民学校（現沖縄市）で訓導だった粟国朝光《あぐに》は「各学校に奉戴された御真影には一枚一枚、履歴書がついていた。その履歴書には、右角何センチ下から何センチの所に汚点（シミ）があり、虫が食った跡の直径が何ミリ等々、御真影のキズ・シミ等が全て記載されていた。県視学が学校を訪れた際には、必ずその履歴書と御真影を照らし合わせた」と述べている（『百周年記念誌　白椿―越来小学校―』）。御真影・教育勅語はシミをつけるだけで処分の対象となったのである。

一九二二年、金武《きん》尋常高等小学校で火事が発生、たまたま帰り支度をしていた教員らが久場《くば》校長の自宅へ走り、校長宅に居合わせていた宮里《みやざと》正照訓導が奉安室をこじ開け御真影と教育勅語を運び出した。宮里訓導は、名誉ある行為として和田《わだ》潤《じゅん》県知事から表彰された。宮里は村人から尊敬される人になったという。

美里《みさと》小学校（現沖縄市）の教員だった上原清真は「御真影を奉護するのが、非常に任務が重かった」「後からは、みなコンクリート建ての立派な奉安殿（御真影保管建物）が出来て非常に安心しました」と振り返る（『創立百年誌記念誌　沖縄市立美里小学校』）。校長・地域有力者らは御真影・教育勅語などを納めるコンクリート製の奉安殿建設を検討。その建設資金を地域住民に献金させることで、御真影・教育勅語はますます地域住民の神聖なるモノとして確立していったのである。

学校で教えられた戦争

日露戦争と子ども

日清戦争後、沖縄の就学率は徐々に上がり始め、日露戦争の頃になると就学率は高まり、安定していった。そして日露戦争勝利に向け、教員・生徒による軍資金献納活動が活発になった。日露戦争が勃発した一九〇四年の新聞記事には、「那覇各小学校職員の軍資献納」（二月一五日）、「首里各小学校の軍資献納」（二月一七日）、「美里小学校職員生徒の軍資献納」（二月二一日）という見出しが掲載されている。例えば、「首里小学生徒の軍資献納」（二月二一日）には次のように記されている。

首里尋常高等小学校生徒千百六十六名より、金二十円四十二銭五厘。全区女子尋常高等小学校生徒八百三十五名より、金十一円三十九銭。何れも日露開戦に付き報国の微衷を表する為め、軍資献納として其の筋へ願ひ出したり。（読点は筆者挿入）

沖縄島北部（やんばるともいう。国頭も同義。以下いずれも使用する）の国頭高等小学校では、日露戦争へ出発する兵士を見送るという名目で、子どもたちの修学旅行が行われている。その行程は小学三～四年の男子生徒一〇七名が、国頭郡内七三名の「出征兵士」の送別を兼ねて一一日間の日程で名護―那覇間を徒歩で往復するという内容だった（『名護市史 本編六・教育』）。一〇歳以下の子どもたちに「出征兵士」と一緒に歩くことで、軍人意識を根づかせようとしたのである。

また戦線での戦勝の様子は、常に各地に知れ渡った。一九〇四年九月の中国遼陽《りようよう》の占領ニュースに、各地で祝勝会が挙行されており、例えば久辺《くべ》尋常小学校（現名護市）では、児童全員で「君が代」を唄い、征露軍歌・天皇陛下万歳三唱などを行っている。同村の久《く》志《し》村瀬嵩《せだけ》区では同年一一月、新入営兵送別会が開かれ、子どもたちは遊戯や軍歌の合唱を行っていた。また、日本軍がロシア軍の旅順陣地を攻略すると、『琉球新報』には「中学校の祝捷」（一九〇五年一月一一日）という見出しで「中学校にては、明十二日午前九時より旅順陥落祝勝の為め、予て計画通り崇元寺《そうげんじ》と観音堂との間にて、発火演習を行ふ由」（読点は筆者挿入）と掲載されている。戦勝祝いとして中学生による実弾演習が行われていたのである。「発火演習」は、その後中学校の恒例行事として定着していった。

「出兵」と「戦勝」が続くほど、各地では激励会や祝勝会、パレードなどが催され、地

図２　羽地村での入営記念（1937年頃，名護市教育委員会提供）

域のなかで戦意高揚がつくられていった。

羽地《はねじ》村の源河《げんか》小学校出身の瀬良垣《せらがき》カマ（当時一〇歳か）は次のように回顧する（『創立百周年記念誌　名護市立真喜屋小学校』）。

> 明治三八（一九〇五）年、それは私が小学校を卒業した年であり、また日本が日露戦争で大勝利した記念すべき年でもあった。大戦勝利を祝う大行列（パレード）が当時マーウイ（馬場）と呼ばれた広場、現在の源河小学校辺りまでやって来て、大変盛り上がり、子どもたちもみんな、勝った勝ったと言って、大喜びしていた。

日露戦争の勝利をきっかけに、各地では戦没者を弔う祭典「招魂祭」が開かれ、同時に学校で、郡単位で「挙国一致」、団結と勝利意識を高める目的として運動会が活発に行われている。日中戦争・太平洋戦争と拡がるなかで、運動会の競技内容は軍隊式体操や長刀演武、騎馬競技など軍事に関わる競技が盛んに取り入れられ、各地では凱旋祝賀教育大運動会、新兵を送るための運動会なども催された。運動会は戦意高揚・戦勝ムードづくりに大きな役割を果たしていたのである。

英霊と子ども

日露戦争で出兵し、戦死したのは八万八四二九名、戦傷病者を加えた犠牲者は四六万二七六八名で、そのうち二〇五名が沖縄人だった（又吉盛清『日露戦争百年』）。国のために戦った戦死者は、これまでにない公葬として執り行われ、やんばるの羽地村（現名護市）から出兵した新里《しんざと》徳清（当時二一歳）の葬儀は、約四〇〇〇名が集まり、地域の尋常小学校も開放しなければならないほどだった。高学年の子どもは、教員の指示でお墓の周りの清掃や、海浜から白砂を取ってきては墓前に敷き詰めたという。

この公葬は、その後の戦没者を祀る葬儀の模範となった。新里のような葬儀とはいかなくても、それに近い公葬が県内だけで二〇〇ヵ所前後あったと想定すると、その地域の子どもだけでなく県内の人々にとって強い影響をもたらしたと考えられる。戦死者は戦争犠牲者ではなく、まさに英霊として讃えられたのである。

村葬や祝賀会のなかには、常に子どもたちがいた。学校で教えられた（皇民化）教育の視点で社会を見渡した時、地域で大人たちが喜びあう光景は、敵国は悪い国で、日本という正しい国が征伐しなければならず、日本の軍隊は立派で、勇気あふれる兵士というように目に写ったのだろう。教員や親の指導で子どもたちは戦没者の墓の前を通るたびに「お国のために尽くした人」としてお辞儀をすることが求められ、教員の指導もあるが戦死した兵士の家庭奉仕作業を積極的に行うようになったという。

小学校の変遷と国定教科書

日露戦争勃発の一九〇四年、これまで尋常小学校で使用していた教科書は、全国統一の国定教科書となり、教科書には国家主義・軍国主義が色濃く映しだされるようになった。そして開戦から三年後（一九〇七年）、これまでの四年制の就学義務が六年制と義務づけられ、六年就学制度は一九四一年三月まで続いた。

太平洋戦争が勃発した一九四一年の四月、尋常小学校が国民学校へと改称された。その目的は「国民学校は皇国の道に則りて、初等普通教育を施し、国民の基礎的錬成を為すを以て目的とす」と記されており、それは「教育の全般にわたって皇国の道を修錬」させることを意味していたのである（文部科学省ＨＰ）。

国民学校は初等科六年、高等科二年の八年間が義務づけられたが、戦時非常措置により実施は延期され、子どもたちは六年生を修了すると、男子は中学校、女子は高等女学校へ、高等科二年を修了すると師範学校へ受験する資格が与えられた。

国定教科書——忠誠ノスヽメ

満洲国建国の翌年（一九三三年）、第四期目（一九三四〜四〇年）につくられた五年生の国定教科書「尋常小学修身書　第五巻」の目録の概要は次のとおり。

目録

第一　我が国、第二　挙国一致、第三　国法を重んぜよ、第四　公徳、第五　礼儀、（第六〜第十四まで略）、第十五　度量、第十六　朋友、第十七　信義、第十八　誠実、第十九　謝恩、第二十　博愛、第二十一　皇后陛下、第二十二　忠君愛国、第二十三　兄弟、第二十四　父母、第二十五　孝行、第二十六　徳行　第二十七　よい日本人

最後の「第二十七　よい日本人」の書き出しは「我が大日本帝国は、万世一系の天皇のお治めになる国であります。御代々の天皇は……」と始まり、「これらの心得を守るのは、教育に関する勅語の御趣意にかなふわけであります。我等は此の御趣意を深く心にとめ、真心をもつてこれらの心得を実行し、あつぱれよい日本人とならなければなりません」と締めくくっている。

また、太平洋戦争が勃発した一九四一年から使用された初等科一年生（七歳）の国定教科書『ヨイコドモ　上』には、「日本グン」の戦闘の様子が登場する。

テキノ タマガ、雨ノ ヤウニ トンデ 来ル 中ヲ、日本グンハ、イキホヒヨク ススミマシタ。テキノ シロニ、日ノマルノ ハタガ タカク ヒルガエリ マシタ。

「バンザイ。バンザイ。バンザイ。」勇マシイ コエガ ヒビキワタリ マシタ。

初等科二年生（八歳）が活用した「ヨイコドモ 下」の「二 サイケイレイ」、「十九 日本ノ国」は次の通り。

「二 サイケイレイ」

テンチャウセツ デス。ミンナ ギャウギヨク ナラビマシタ。シキガ ハジマリマシタ。テンノウヘイカ クヮウゴウヘイカノ オシャシンニ ムカッテ、サイケイレイヲシマシタ。「君ガ代」ヲ ウタヒマシタ。カウチャウ先生ガ、チョクゴヲ オヨミニ ナリマシタ。私タチハ、ホンタウニ アリガタイト 思ヒマシタ。

「十九 日本ノ国」

明カルイ タノシイ 春ガ 来マシタ。

日本ハ 春 夏 秋 冬ノ ナガメノ 美シイ 国デス。

山ヤ 川ヤ 海ノ キレイナ 国デス。

コノ ヨイ 国ニ、私タチハ 生マレマシタ。

オトウサンモ、オカアサンモ、コノ 国ニ オ生マレニ ナリマシタ。

オヂイサンモ、オバアサンモ、コノ 国ニ オ生マレニ ナリマシタ。
日本 ヨイ 国、キヨイ 国。世界ニ 一ツノ 神ノ 国。
日本 ヨイ 国、強イ 国。世界ニ カガヤク エライ国。

「二 サイケイレイ」では、天皇の誕生日を祝う天長節の様子が描かれており、子どもたちに、天皇・皇后の御真影に最敬礼し、感謝することが強要されていることがわかる。「十九 日本ノ国」では、日本国内の四季折々の景色のすばらしさ、この国に生まれたことを誇りに思うこと、そして先祖代々この地で生まれ、この国は清く、美しい国であり、世界に一つだけの神の国と賛美した内容である。だが、他者（他国）を一切述べることなく、排除したとも思える文面は、国家主義思想を子どもたちへ浸透させる思想がありありとみえ、末節の「日本 ヨイ 国、強イ 国」「世界ニ カガヤク エライ国」は、日本国を上位とし他国を下位とした、差別意識を誘導するものであった。

また、一九四一年の初等科一・二年の音楽の教本『うたのほん ウタノホン』では、巻頭に「キミガヨ」、次に「ヒノマル」「兵タイゴッコ」などが続き、子どもたちへ愛国心を醸成させるとともに戦意高揚をつくりだす構成となっている（『那覇市教育史 通史編』）。

子どもたちは教材を通して天皇に忠誠を誓い、国のためなら命を惜しまずに戦うことを教えられていたのである。

小国民の思い出──勝ちぬくために

一九四一年前後の体験談

前述したように一九四一年四月に尋常小学校が国民学校へと改められると、学年制度は、初等科六年の次に高等科二年と、八年制度となり国民学校は子どもたちを「皇国の道に則」った、日本国臣民にふさわしい「国民の基礎的錬成を為す（国家主義思想の醸成及び訓練の）」場所となった。そして子どもたちは、天皇に仕える小さな国民として小国民と呼ばれるようになる。将来の兵士として小国民と位置づけられた子どもたちは、学校だけでなく日々の暮らしのいたる所で国家主義思想を注入され、醸成された。

国民学校と改称された当時、恩納国民学校の五年生だった當間嗣長《とうましちょう》（当時一一歳）は、一九四一年を前後して学校や暮らしの様子を記していた（『恩納村戦時物語』）。當間は『恩納村民の沖縄戦』（仮称、二〇二二年刊行予定）の編さんにも携わっており、驚くほどの記憶の持ち主で、聴き取り調査において筆者自身、多くのご教授を頂いている。以下に當間嗣長の体験談を要約し紹介する。

初等科四年生・一九四〇年―皇紀二六〇〇年祭

この年は、『日本書紀』の天皇即位から数えて二六〇〇年になるというので、全国的に奉祝行事が行われた。奉祝歌や遊戯（ダンス）もつくられ、運動会では全校遊戯にも取り入れられた。

その頃、青年学校（青年学校とは、中学・高等女学校に入学しない子どもたちが軍事訓練を行うため通う学校のこと）の軍事教練も活発になり、青年学校の教員（農業担任教員）は、常時軍服を着ていた。

そうした時期に恩納校へ新しい訓練用の軽機関銃が導入された。教練で使用される軽機関銃の発射音は、小学生の私（當間）たちにも、新しい兵器を改めて認識させるものだった。

初等科五年生・一九四一年―青少年団に参加

この年の三月、沖縄県青少年団が結成された。続いて、県内の市町村・学校にも結成された。恩納村に結成された時は、村内の各国民学校から初等科高学年と高等科全生徒、青年学校生を動員して、恩納国民学校の校庭で結団式が行われた。同時に「青少年団歌」も発表され、以後の青少年団訓練などには必ず歌うことになっていた。青少年団は、青年学校の生徒と国民学校の生徒に別れていて、それぞれの訓練を受けた。

青少年団は、小国民としていつでも国の役にたつ教育をする組織であった。毎週金曜日の午後は、少年団訓練が行われた。内容は、軍隊式の訓練である。「君が代」ラッパ吹奏による国旗の掲揚・点呼・行進ラッパによる閲兵分列行進・手旗信号・モールス信号・三角巾の使い方・銃の使い方・竹槍訓練・木銃訓練・防火訓練などである。

働き手の若い人たちが戦地や軍需工場などに動員されると、農家の生産活動も老人と婦女子の肩にかかるようになり、生産も思うように上がらなくなった。そのようななかで、地域の青年団が朝の暗いうちから、働き手の少ない出征兵士の家庭の田や畑を耕して作物の植付けを手伝った。一方、国民学校では、初等科高学年と高等科全生徒を朝の暗いうちから動員して、堆肥原料を刈り、堆肥を集積して増産運動に協力した。農産物が不足するようになり、児童・生徒も一坪の農場を確保し、芋や野菜を植付けて、食糧増産に励むようになった。

農繁期になると学校の授業を休みにし、各家庭の田植えや、芋カズラの植付け、子守を手伝った。芋の害虫（スルル虫）が大発生し、芋の葉がすべて虫に喰われてカズラだけ残るということがあった。その時も、全校生徒が動員され、野原《ぬばる》（地名）の芋畑のスルル虫を素手でつまみ、バケツに集める作業が行われた。

初等科五年生・一九四一年—太平洋戦争始まる

太平洋戦争が幕を切って落とされた時、当時、国民学校初等科五年生であった私（當間）たちは、お昼の弁当時間に担当の先生から連日報道される日米交渉の行方について、語ってもらっていた。ワシントンで開かれていた日米交渉妥結の可能性について、子ども心にも少なからず関心を抱いていたのである。

戦争が始まり、南方地域の島々を日本軍が占領すると、壁に貼った世界地図に「日の丸のマーク」をつけて友軍の勝利を喜んだ。一二月八日以後、毎月八日を「大詔奉戴日」と位置づけて、隣組ごとに大人から子どもまで早起きをして、近くの広場に集まり、宮城遥拝し、「海ゆかば」を歌って戦勝を祈願した。

太平洋戦争の開戦初頭、九人の日本兵が戦死した。以後、九軍神を称える歌が作詞・作曲され、遊戯もつくられて、学芸会などで歌われ、踊らされた。この頃から、初等科低学年では、次のような歌が歌われていた。

　肩を並べて兄さんと　今日も学校へ行けるのは　兵隊さんのお陰です　お国の為に　お国の為に戦った兵隊さんのお陰です　兵隊さんよ有難う　兵隊さんよ有難う

学校における遠足は、毎年五月二七日の海軍記念日に実施された。その日は日露戦争時にロシア艦隊を迎え撃ち、撃滅した日を記念した日本海軍の記念日だった。

また戦争遂行上、よろしくないと敵性語を禁じ、日本語に改められた。同年、音階名の「ドレミファソラシド」が「ハニホヘトイロハ」となり、学校の音楽教科書もそのように改められた。スポーツ用語も、それぞれ改められ、野球の「ストライク」は「よし」または「本球」、「ボール」は「駄目」または「外球」などとなった。

高等科一年生・一九四三年——学校の様子

国民学校高等科一年の時、村内各国民学校の生徒代表と青年学校代表を恩納国民学校に集めて、「青年の主張」と「生徒の話大会」が開かれた。私（當間）は恩納校を代表して「源義経《みなもとのよしつね》の武勇伝」を話したように記憶している。一方、青年学校代表は、山田《やまだ》校区青年学校代表として前《まえ》兼久《がねく》（区）の平安名《へんな》盛助がガダルカナルの戦闘で戦死したことを、二階級特進した沖縄の「大桝《おおます》大尉に続け」という題で主張していた。時局柄、若者の戦意・士気の高揚が目的の大会ではなかったかと思われる。

また、私（當間）は一九四三年と記憶しているが、恩納国民学校に杉の香りのする真新しい赤瓦葺きの道場が新築された。この建物は「修養道場」と呼ばれ、女子生徒の和裁の教室、男子生徒の試胆会、または青年学校生の研修の道場として使用されていた。ところが、日本軍が沖縄に駐留するようになると、遠藤曹長率いる先遣隊数名の宿舎となり、児童生徒は使用することがなかった。

この頃から高等科男子の授業においては、一日一回は神勅「とよあしはらの、ちいほあきの、みずののくには……」を朗読し、授業を始めるのであった。一方、女子のクラスでは、「みたみわれ、生けるしるしあり天土の、栄るときに、あえらく思えば」を、全員で合唱して授業を終わるのであった。昼食の時間になると、「箸とらば、天地御代の御恵み、祖先と親の恩を味わえ」と全員で合唱してから芋だけの弁当を食べるのである。初等科低学年においては、「兵隊さん有難うございます。いただきます」と唱えてから、食事する習わしであった。

体育の時間は、男子生徒の場合、敵味方に分かれての模擬戦争・大和相撲・手旗信号・木刀を使っての剣道の基礎訓練・木銃による銃剣術の基礎訓練などであった。そのほかにモールス信号や、怪我をした時の応急処置として、風呂敷を三角巾にみたてた止血のし方などである。女子は三角巾の使い方、長刀《なぎなた》も体育の時間に取り入れられた。毎朝、朝礼の時間には全校生徒が運動場に各クラス順に並び、ラジオ体操を蓄音機の曲に合わせて行っていたが、従来のラジオ体操から「国民体操」となり曲も改められた。

一九四三年二月から、敵が上陸してきた場合に備え、竹槍で突いて倒す訓練があった。普通、竹槍は竹を削ってつくるのであるが、適当な竹がない場合は、細い固い木を選び一・八㍍《メートル》ほどに切り、先を削って豚脂を塗り、火にあぶって硬くする。訓練の場所は、各地域の広場であった。指導は、駐在の巡査や警防団員らが担当した。恩納地区では、ウドゥンヌサチ（「御殿の崎」という場所）の広場で行われた。婦人会や警防団員に交じって生徒も訓練を受けた。「マエ、マエ、ウシロ、ウシロ、マエ、マエ、ツケ」の号令で藁人形を敵に見立てて突く訓練である。

空襲により家に火がついたという想定で、防火訓練が行われたのもこの頃である。警防団員による「焼夷爆弾落下」の合図で、落下現場に駆けつける。定期的に行われ、児童・生徒も訓練に参加した。また、学校では運動場の周囲に長方形の待避壕がいくつも設置されていた。いざ、という時は各クラスごとに定められた待避壕に飛び込んで身をかがめて、両耳を人差し指でおおい、爆風から耳の鼓膜を守る。爆風や飛弾から身を守るため、防空頭巾も奨励され、婦女子は常時携帯していた。

同じく一九四三年頃からは、学校の教室にも海軍特別年少兵募集のポスターが貼られて、男子生徒の志願意欲をかきたてた。海軍では国民学校高等科からの乙種予科訓練生らのパイロットへの道があり、少年たちの憧れの的であった。一方、陸軍の少年兵の募集もあり、陸軍少年飛行兵・少年戦車兵・少年通信兵・少年野砲兵などがあったが、恩納国民学校から募集に応じた生徒はいなかったようだ。

高等科二年生・一九四四〜四五年——授業の中断

高等科二年の一学期は、どうにか授業らしい授業も受けられた。ただしそれも午前中のことで、午後は出征兵士の家庭への奉仕作業である。「家業援助」と称して、初等科四年生以上、高等科二年までの生徒は、各字各班の出征兵士の家に手分けして、芋堀り、薪取り、水汲み、牛馬・山羊などの草刈り、田畑の手伝いをやった。家業援助は毎週決まった曜日の午後に行われた。地域の青年団も、早起き作業で田や畑を耕して手伝った。

村内に山《やま》部隊（第二四師団）が駐留するようになると、恩納国民学校の教室も軍の宿舎に接収され、二学期以降は、高等科の生徒は授業中断となった。登校しても授業はなく、毎日軍への奉仕作業が主であった。その合間にも毎週金曜日の午後は少年団訓練があり、初等科四年生以上、高等科二年までの全生徒が参加させられた。訓練はすべて軍隊式である。各班ごとに整列し、点呼、参加人員報告、青少年団歌斉唱、「君が代」ラッパ吹奏による国家掲揚、校長訓話（時局報告）、続いて分列行進などである。

朝夕の国旗掲揚・降納は、高等科二年生の男子二人が選ばれて「君が代」ラッパ吹奏で行われた。

恩納国民学校等に駐留していた山部隊は、恩納岳から木を伐り出していた。南部島尻《しまじり》（南部全域のこと）の陣地壕構築の坑木などの生産であった。松の原木の皮を剝ぎ取らなければならず、その作業には国民学校の生徒が動員された。堅い皮を剝ぐには鉈と鎌を使用したのであるが、困難な作業であった。

非常時になると集団で登校するようになった。校門に入ると、班長の「歩調とれ」の号令により、全員が大きく手を振り、職員室前まで行進し、解散、各自の教室に入るのである。これも軍隊式で行われ、小国民教育の一つであったと思われる。ある日、私（當間）たち二班の生徒は、集団登校の途中で学校の手前まできていた。その時、突然、東の空から異様な金属音のする黒い飛行機が四機編隊の大群で私たちの頭上高く、読谷《よみたん》飛行場方面へ飛んで行った。しばらくして、地上からの高射砲の炸裂と破裂雲が読谷方面の上空に眺められた。空襲（十・十空襲）であることを知り、学校へは行かず各自の家に帰った。かねてより指定された山に荷物を運び避難した。この日は一日中、山の中に避難していた。

空襲の晩、恩納村内の県道を中南部の避難民が夜を徹して北部へと流れて行った。やがて、村内の家にも都市地域から疎開してきた人たちが間借りをして住むようになり、学校では都市地区の子ども席を並べるようになった。その頃から疎開者のための「疎開住宅」と呼んでいた避難小屋が、山中につくられた。私（當間）たち四年生以上の児童・生徒も茅《かや》刈り作業に従事した。疎開学童も作業に参加しなければならず、慣れない作業ゆえ泣き出す学童もいたが、励ましながら刈った茅を建築現場まで運んだ。

十・十空襲以後、米軍機の襲来は活発化してきた。たまには日本兵の遺体も流れつき、役場の職員や警防団員らが近くの浜に埋葬したこともあった。埋葬の時は、国民学校高等科二年生も生徒代表として葬儀に参加した。太田《おおた》のギナン浜や、宜志富《ぎしふ》島（沖縄島から一〇〇《メートル》ほど離れた浅瀬にある無人島）の浜にも埋葬された。

日本軍が恩納村にきた頃から、日本軍は左記のような食糧になると思われる物は供出するよう、指示命令してきた。

椎《しい》の実＝「椎の実ひろい」は、学校を通して生徒一人ひとりの量が定められていた。一定量に達しないと学校はこれを認めず、再び山に入り、薄暗い山中で手さぐりで拾い集めたことがあった。

ツワブキの茎＝ツワブキの茎を採取して茹でて乾燥して供出するのも、児童生徒に課されたノルマであった。

松脂《まつやに》＝学校から帰ると野山に出て採取した。学校に集められた松脂は、どこへ持って行ったのか。

ヒマ＝ヒマの栽培と種子の供出があった。学校では、生徒にそれぞれの家庭の庭などで栽培させ、毎月、学校に割り当てられた量の種子を納めた。ヒマの種子から油をとり、飛行機の潤滑油に使用していたらしい。

スヌイ（モズク）＝軍では、塩漬けにして、樽に保存していた。スヌイも生徒に割り当てがあり、海に自生しているスヌイを採取して、天日で乾燥して供出した。

ある日、高等科の男女《（ママ）》生徒に適性検査が実施された。視力の検査、洗面器の水に顔を突っ込み何秒間呼吸を停止できるか、回転椅子に座りぐるぐる廻してから直立できるか、聴力の検査、銃を構えて標的への照準の正確度はどうかなどである。この検査は、後の少年兵士としての適応能力を調査したものと思われる。

一九四五年一月のある日と私（當間）は記憶しているが、軍と学校との合同運動会が催された。運動会は練成会と呼ばれ、日頃は作業ばかりしている兵士にとってこの日ばかりは楽しそうな一日であった。翌日、登校してみると、教室はがら空きになっていた。部隊は、島尻へ移動した後であった。子どもたちには何の前触れもなく突如として恩納校から姿を消したのである。

農兵隊の募集があった。農兵隊は食糧増産隊である。内容は軍隊式の訓練のほか、農耕・開墾・農家の手伝いなど、食糧増産作業である。第三次募集で私（當間）たちの同期生（一四歳）が対象となり、恩納国民学校からは六名が応募し、卒業式を待たずに一九四五年一月一六日に入隊した。

食糧増産のため、宜志富島に渡って開墾することになった。沖縄の二月は、最も寒い季節である。一九四五年二月、私（當間）たち高等科一・二年生の男子生徒は、衣服を脱ぎ頭に乗せて鍬《くわ》を担ぎ、芋弁当を持って寒い冬の海を体半分潮につかって島へ渡った。あまりの寒さに体は凍え、手はかじかみ、鍬を握る手に力は入らなかった。寒さに耐えるために騎馬戦を試みたが、効果はなかった。おまけに冷たい芋弁当は、一層、腹の底から寒さが広がっていくようであった。

宜志富島を開墾した後は、運動場を耕して野菜農園にすることになった。この地に恩納校が開校して以来、児童・生徒の体育の場所だった運動場は、生徒自ら一鍬一鍬耕した。しょうじて緑の芝生におおわれた運動場は、なんの変哲もない農地になっていた。しかし、農作物を植えつけることもないままに、沖縄戦に突入した。

この頃になると、中南部の疎開者が連日のように北部へ移動していった。疎開者の移動を容易にするために、荷物の運搬を手伝うことになった。いくつかのグループに分けて輪番制で運搬した。山田校（恩納村南側）の生徒は恩納校（恩納村中央）まで、恩納校の生徒は安富祖《あふそ》校（恩納村北側）まで運ぶしくみになっていた。

一九四五年三月二三日は恩納国民学校の卒業式の日であった。午前中は疎開者の荷物を安富祖校まで運び、午後から卒業式を行うことになっていた。私（當間）たち恩納の生徒は、午前八時頃、恩納郵便局前で山田校から運ばれてくる荷物を受け取るために待機していた。その時、空襲警報のサイレンが鳴り、私たちは警防団員から解散させられ、荷物の運搬も取り止めとなり、各自家に帰された。しばらくすると、十数機の敵機が飛来し、恩納もはじめて空爆の洗礼を受けた。警防団員の呼びかけにより、火のついた家の消火にあたった。とても間に合わない。そのうちに第二波・第三波と攻撃を受けて、米軍機の無差別攻撃で恩納の家々は焼かれた。とうとう、卒業式も中止となり、私（當間）たちは卒業証書も手にすることなく「幻の卒業生」になったのである。

當間嗣長の体験からは、子どもたちが小国民として、沖縄戦が近づくにつれ慌ただしく戦争準備にかり出されていく日々の暮らしがみえる。子どもたちは大人たちの教えに、何ら疑う余地もなく、国のため、戦争に勝つために学びも遊びも食事も辛抱し、ゆっくり寝る間もなく一生懸命行動していたのである。まさに「欲しがりません。勝つまでは」だった。

指導要領『決戦教育の運営』と子ども

一九四四年度の教育指針として、沖縄県から『決戦教育の運営』という指導要領がでている。その目次には①決戦教育の運営、②戦時下の学校行事、③教育用品学校管理並芸能科取扱に関する留意点、④戦時訓練体育訓練実践要項、⑤決戦食糧増産指導要項、⑥食糧増産生徒勤労動員計画表、⑦青少年団指導要項となっており、前述した當間嗣長の体験と重なる部分が多く、国民学校・中学校および高等女学校などの教員は、この『決戦教育の運営』にもとづいて子どもたちの指導にあたっていたのである。目標や大まかな項目を紹介する（傍線・句点は筆者）。

①決戦教育の運営

皇国必勝の思想態勢の確立・国防訓練並戦力の増強・生産増強の対策・銃後の運動の強化（以下略）

②戦時下の学校行事・目標

実践を通して戦力を急速に強化し最高度に発揮す

1思想態勢を確立し戦意を高揚す

2国防力を強化し戦闘要員の増強を図る

3生産体制を確立し生活の安定を図る

4銃後の活動を強化し玉砕精神に徹せしむ

③（略）

④戦時訓練体育訓練実践要項・目標

体錬科指導の戦時的切替並に内容の重点的徹底を期し戦力増強の根基に培ふ

⑤決戦食糧増産指導要項
甘藷の増加を計ること・肥料増産に挺進《ていしん》すること・間作《かんさく》の奨励徹底・耕種基準による栽培法の徹底・耕地を高度に利用すること
⑥（略）
⑦青少年団指導要項
凄愴苛烈《せいそうかれつ》なる（非常に悲惨で厳しい）戦局の新段階に即応して、各級団の組織を整備拡充し、以て青少年団運営要項に基く各種事業、訓練施設等の徹底的実践と相俟って、（中略）決戦下に於ける団員の全生活を必勝戦力増強に挺身せしむるため、左記事項に重点を置き団運営をなす。

當間嗣長の体験と照らし合わせると、年代について若干の記憶違いはあるが、ほぼこの『決戦教育の運営』指導要領のもと、教員は生徒たちを教育実践していたことがわかる。国は一四歳以下の守るべき子どもを、銃後の護りとなる一兵士として教育していたのである。

すべては戦争のために。

兵士となった少年少女

戦場への流れ

戦場に立たされた少年少女

沖縄では師範学校・中学校・高等女学校・専門学校の全二一校に通っていた一〇代の少年少女たちが学徒隊（戦後つけられた総称）として召集され戦場に立たされた。その人数は教員も含め二〇一六名で、うち戦死者は一〇一七名と半数以上にのぼる。さらに学徒隊ではなく兵士として、あるいは召集されなかったが家族と戦場をさまよいながら犠牲となった生徒を含めると二〇四九名となっている。

また学徒隊とは別に、北部（やんばる）では青年学校に通っていた少年、約一〇〇〇名が遊撃部隊（護郷隊《ごきょうたい》）として召集され、一六〇名の隊員（成年含む）が犠牲となった。

それだけではない。沖縄戦では、男子で学徒隊・護郷隊に漏れた一〇代のなかに防衛隊、女子のなかに補助看護員や炊事班として動員された者もいる。そして離島では米軍上陸に備え、年端も行かない子どもたちが義勇隊・挺身隊《ていしんたい》として訓練を強いられていた。いったい、少年少女たちはどのようにして召集され、どのような結末を迎えたのであろうか。

すべての男子は兵士として

一八八九年に法律第一号として改定・公布された徴兵令は一九二七年に廃止され、新しく兵役法が施行された。それに伴い、これまで徴兵免除の対象者だった県庁勤務者・官公立学校生なども召集対象者となり、一七～四〇歳（一九四三年から四五歳）までのすべての男子が兵役に服することになった。実際には入隊前に義務づけられた徴兵検査は二〇歳になってからなので、一七歳は志願すれば徴兵検査を受けられるという位置づけである。

徴兵検査は甲乙丙丁戊種の五段階に区分され、上段階の甲乙丙種が合格者となり、最初の頃は甲種合格のなかで選定された健康で体格のよい者から召集された（『沖縄県史　各論編六・沖縄戦』）。一方の合格基準で最も低い丙種は体格や健康が極端に劣る者とされ、実際には召集されることはなかったが、戦況の悪化に伴い彼らも召集の対象者となっていく。

入隊者は現役兵と呼ばれ、二年間（初期は陸軍三年間）軍に従事しなければならず、現役兵を終えると予備役・後備役兵として地元にもどり、約一五年間（三六歳まで）の兵役に服することが義務づけられた。地元の在郷軍人会は、そのメンバーを中心に構成されている。その後、彼らは四五歳まで第一国民兵役として位置づけられ、すべての男子は青年期から中年期まで兵役から逃れることはなかったのである。

他方、現役兵になれなかった者は、第一・第二補充兵役（後に補充兵役に統合される）、もしくは第二国民兵役として服し、実際には召集対象者にはほど遠かったが、地上戦となった沖縄では戦闘中に召集された人々もいた。

兵役法の改正

一九三一年の満洲事変、一九三七年の日中戦争勃発で、日本軍は大量の兵士が必要となった。一九三九年には師範学校卒業者などに与えられていた短期現役兵（任期五ヵ月）が廃止され、一九四一年に太平洋戦争が勃発すると、大学や高等学校・専門学校では年度末を待たずの繰り上げ卒業式が行われた（四一年三ヵ月、四二年六ヵ月と繰り上げられた）。

その後もミッドウェー海戦（一九四二年）、ガダルカナル島戦（一九四二～四三年）と、敗戦が続いた日本政府・大本営は、さらに兵士を確保するため一九四三年、中学校の修業年限五年制度を四年制度とした。ただし沖縄開戦時ではまだ制度改編の途中だったので、五年生も在籍している（同前書）。全国を対象とした学徒出陣令がだされたのもこの年で、沖縄からも一部の中学四年生が志願して在学中に入隊している（沖縄県立第三中学校一二期生会回想録編集委員会『回想録 友垣』)。また、朝鮮人(一九四三年)、台湾人の強制徴兵(一九四四年)も始まった。

沖縄に第三二軍が創設されたのは一九四四年三月のことである。この年になると兵役法の改正が次々と行われ、全国規模で徴兵検査が二〇歳から一九歳に繰り下がり、その年の徴兵検査では二〇歳と一九歳、二年分の現役兵召集が行われている。しかし、兵役法改正はそれだけに止まらず、志願でしか召集できない一七歳と一八歳にも兵籍を与え、徴兵検査を義務付けていたのである。

『沖縄県史 各論編六・沖縄戦』編集部会員の林博史は「一九四四年三月兵役法施行令が改正され(勅令第一七六号)、一七歳と一八歳の者を兵籍に編入することができるようになり、六月に沖縄県や東京都八丈《はちじょう》、小笠原《おがさわら》、北海道根室《ねむろ》支庁、台湾、南洋諸島、南方占領地などで先行実施された。この手続きによって一七歳以上の召集が可能になった。これを受けて、十月陸軍省令第四六号によって陸軍防衛召集規則が改正され、一一月一日より一七歳以上四五歳までの防衛召集が可能となった」(『沖縄県史 各論編六・沖縄戦』)と述べている。スタート時に地域限定であったこの兵役法改正は、一〇月に日本全域に拡がった。

さらに同年一二月一二日に改正された防衛召集規則では、沖縄県など地域限定で、すでに第二国民兵役として位置づけられていた一四歳以上の者(一〇月二〇日に陸軍特別志願兵令施行規則が改正）も、志願であれば召集できる対象者となった。後に、この一四歳の志願者召集も翌年三月には全国で適用されることとなり（同前書）、それは第三二軍壊滅後の日本本土決戦に向けた「国民皆兵」の基盤整備だったのである。

北部（やんばる）で青年学校に通っていた少年たちが遊撃部隊、いわゆる護郷隊に召集されたのが一九四四年一〇月二三日なので、彼らは施行令より約一週間前倒しで召集されたことになる。護郷隊の第一次召集は満年齢の一七～一八歳の少年たちだったが、実際には一六歳も多く、第二次・第三次になると志願でしか召集できない一五歳へと年齢が引き下がっていく。だが、召集された少年たちは「志願した覚えはない」と振り返る。そのことは後述する。

太平洋戦争前後の少年少女

一九三七年の日中戦争開戦後、日本政府・大本営は兵士の増員だけでなく、国民全体を巻き込んでの戦争態勢づくりに邁進した。一九三八年になると「国家総動員法」が施行され、それにもとづき翌年（一九三九年）七月には、軍事工場などへの労働力確保のための「国民徴用令」が実施された。さらに中学校では、軍事訓練が授業として取り入れられるようになる。一九三九年の第一〇回明治神宮体育大会において沖縄県立第三中学校は、銃を担ぎ塀を乗り越える「障害通過」競争で優勝し、第二中学校は、離れた的に模擬手榴弾を投げ突撃するという「手榴弾投擲突撃」競争で準優勝となり沖縄へ凱旋している。

太平洋戦争が勃発した一九四一年になると、中学校や高等女学校では制服も様変わりした。中学校ではカーキ色の国防服（師範男子部は一九三九年から）へ、制帽も戦闘帽へと替わった。高等女学校では、それまでのセーラー襟がへちま襟へと全国統一され、さらに戦況の悪化とともにスカートはモンペ姿へと替った。

一九四三年六月には「学徒戦時動員体制確立要綱」が閣議決定されている。各学校に「一　有事即応態勢の確立」、「二　勤労動員の強化」と、生徒の役割が提示されると、生徒たちは「食糧増産、国防施設建設、緊要物資生産、輸送力増強等に（中略）積極協力」する者とされた。翌年、沖縄に第三二軍が創設されると「二　勤労動員の強化」は顕著に表れるようになる。

第三二軍創設と少年少女

一九四四年三月、第三二軍が創設されると勤労動員日数は増え続け、県立第一中学校では年に三分の一、二中では隔日あるいは週の大半を勤労作業に動員されたという（ひめゆり平和祈念資料館編『ひめゆり平和祈念資料館　資料編・沖縄戦の全学徒』）。

同年六〜九月にかけ、次々とやってきた日本軍は沖縄各地へ配備された。各学校の校舎が軍に接収されたのも、この頃からである。学校の生徒たちは、各地に建設し始めた飛行場や陣地構築にかり出された。例えば師範学校男子部の生徒らは小禄《おろく》飛行場や中《なか》飛行場（屋良《やら》飛行場）、首里《しゅり》の陣地、天久《あめく》高射砲陣地、武部《たけ》隊の戦闘指揮所、繁多川《はんたがわ》の弾薬保管壕などに動員され、後に首里高等女学校・昭和女学校の生徒が看護隊として従事する第六二師団野戦病院、通称ナゲーラ壕の壕掘りや、十・十空襲後には朝鮮軍夫とともに那覇《なは》軍港埠頭の食糧や軍需物資の運搬などにもかり出されている。同年一二月には首里城地下の第三二軍司令部壕の突貫工事に動員されながら、自分たちの避難壕（留魂《りゅうこん》壕）を掘っていた（同前書）。

第一中学校は与那原《よなばる》海上特攻基地・大里城《おおざとじょう》跡砲兵陣地・北《きた》飛行場（読谷《よみたん》飛行場）など、二中は小禄飛行場・ガジャンビラ高射砲陣地、数日間泊まり込みでの北飛行場建設にかり出された。また北部の名護《なご》にあった三中は、北部一円の陣地構築・散兵《さんぺい》壕構築・糧秣《りょうまつ》運搬などに動員され、当時東洋一といわれた伊江《いえ》島飛行場建設にも泊まり込みで動員されている。本部《もとぶ》港湾に動員された三中の山内敏男《やまうちとしお》（当時一五歳）は「本部港で朝鮮軍夫の人たちを見張ったことがある。働いている朝鮮軍夫を、棒を持って見張る役割だった」と述べている（二〇〇九年の筆者聴き取り）。

高等女学校の女生徒たちは、授業に代わって食糧増産・陣地構築などの日々が続き、十・十空襲後は随時、学校内で軍医や衛生兵による看護教育が始まっていく（同前書）。

第二高等女学校では、空襲前は男子と同じ垣花《かきのはな》のガジャンビラ高射砲陣地などにかり出されたが、十・十空襲で校舎が焼失したことで学校がしばらく休校となった。離島や遠隔地の生徒は帰省することになり、実家に近い最寄りの軍の陣地構築作業に協力するようになったという。一方、学校に残った生徒たちは開校とともに再び陣地構築・看護訓練を行っている（同前書）。

名護の第三高等女学校では、十・十空襲で攻撃された本部港や運天《うんてん》港、名護湾で沈没した軍艦・鷹島《たかしま》の負傷兵らの看護に女生徒が動員されていた。すでに三高女の校舎は八月に接収され、寄宿舎は沖縄陸軍病院名護分室の軍医・衛生兵などの宿舎になっていた。そこに大勢の負傷兵が運び込まれたのである。当時の四年生（一六〜一八歳）は全員集められ、その看護にあたった。寄宿舎の玄関口は手術室となり、部屋は病室となった。四年生の大《おお》城信子《しろのぶこ》は、トラックなどで運ばれてきた「重症患者は担架で運び、歩ける患者は肩を支えて、次から次へと運んだ」と述べ、具志堅信子《ぐしけんのぶこ》（当時四年生）・上原米子（当時四年生）・大嶺弘子《おおみねひろこ》（当時四年生）は「どの部屋も足の踏み場もないほど大勢の負傷兵で埋まった」「手足をもぎとられた人、頭をやられ大声でわめく人」「麻酔薬もないまま手や足を切断される人」「それは地獄絵以上の惨《むご》たらしさなのだった」と回想する（なごらん二一期生委員会『戦時下の学園記』）。大量の負傷兵は、宿舎（病室）には入り切れず、運動場にも病床が設置されたという。

宮古《みやこ》島と石垣《いしがき》島でも、沖縄島と同じように飛行場建設・陣地構築へ中学生・高等女学生が動員され、国民学校の子どもたちもかり出されていた。宮古中学校では一九四三年八月頃、八重山《やえやま》・農林中学校では四四年一月頃から飛行場建設・各陣地の構築に動員され、宮古高等女学校も海軍飛行場建設に動員された（ひめゆり平和祈念資料館編『ひめゆり平和祈念資料館　資料編・沖縄戦の全学徒』）。三月に第三二軍が創設されると、宮古島に約三万人、石垣島に約一万一〇〇〇人の日本兵が駐留するようになり、中学校・各国民学校、大きな家・屋敷は接収された。その後、少年少女、子どもたちは宮古島では中飛行場・西飛行場建設に、石垣島では平喜名《へーぎなー》飛行場・掩体壕《えんたいごう》建設やたこつぼ壕掘りなどに動員されている。両島では、米軍の沖縄島上陸前後になると米英軍の空襲に遭いながらも、その合間をぬって飛行場建設が行われている。

鉄血勤皇隊の編成

学徒戦場動員の取り決め

一九四四年一二月、第三二軍三宅忠雄《みやけただお》参謀と沖縄県中等学校教育行政担当の真栄田《まえだ》義見地方事務官は、数回にわたって「沖縄の学徒の戦場動員」について話し合っていた。その内容は、①「敵が沖縄に上陸した場合に備えるために、中学下級生に対して通信訓練を、女学校上級生に対しては看護訓練を実施する」、②「この学徒通信隊、看護婦隊を動員するのは沖縄が戦場になって全県民が動員される時であるが、この時の学徒の身分は軍人並びに軍属として扱う」という主旨である（陸上自衛隊幹部学校『沖縄作戦における沖縄島民の行動に関する史実資料』）。

そして翌年三月三日（二月下旬の可能性もある）、第三二軍司令官・沖縄県知事・沖縄連隊区司令官の三者による「鉄血勤皇隊《てつけつきんのうたい》の編制ならびに活用に関する覚書」が取り交わされ

た（『沖縄県史　資料編二三沖縄戦六・沖縄戦日本軍史料』）。

覚書の方針には「中学校ならびにそれ以上の学校の学徒を各学校ごとに鉄血勤皇隊に編成し、軍との密接な連携の下に軍事訓練を実施し、而《しか》して非常事態が生じた際には、それらを直接軍組織に編入し戦闘に参加させるものとす」と記されており、要領・編成の概要は次の通りである。

要領

①鉄血勤皇隊の編成は、沖縄県知事が沖縄連隊区司令官の援助を受けて行うものとす。知事は、学校における訓練の利点を考慮するとともに、鉄血勤皇隊の防衛召集実施に備えるものとす。編成完了は三月八日一二（時）〇〇（分）とす。なお関連諸機関の都合により若干の遅れがありうる。

②（略）

③非常事態が生じた場合、球《たま》防衛召集第一三五号「球部隊防衛召集規則」ならびに添付の「鉄血勤皇隊防衛召集要領」に従って、軍命令によって鉄血勤皇隊が防衛召集される。軍の部隊として鉄血勤皇隊は戦闘ならびにその他の任務に配属される。

編成

①学校長が鉄血勤皇隊を指揮する。しかしながら防衛召集命令が発せられた後は、学校

配属将校が軍将校名簿に記載されている学校教職員のなかから隊員を指名してよい。また軍将校名簿に記載されていない学校長と教職員は軍属とす。すべての該当する教職員と一四歳ならびにそれ以上のすべての学徒（通信訓練を受けている者は除く）は鉄血勤皇隊に編成される。

②各学校での学年（学級）は鉄血勤皇隊の基礎となる。学校はその人数に応じて、大隊・中隊・小隊・分隊に編成される。

③沖縄県知事が鉄血勤皇隊を編成した際、知事は（中略）作成した隊の編成表ならびに人員名簿の写しを直ちに第三二軍司令官ならびに沖縄連隊区司令官に提出するものとす。

覚書には、ほかにも学校側との取り決めが記されている。例えば、学校で事前に沖縄戦の心構え・戦意高揚をつくりだすための軍事訓練の重視や、「兵士としての精神錬成を強化す。隊の中核としての部隊長とともに、学徒たちは不滅の忠誠と任務遂行の断固たる決意を固めんとす」と記されており、学校は「すべての宿舎と配給を担当す。防衛召集命令が下された後は、軍が担当す」と、校舎の明け渡し、兵士への食糧供出が約束されていた。そして召集命令が下されると、生徒たちは軍へ引き渡すこととなっていた（陸上自衛隊幹部学校『沖縄作戦における沖縄島民の行動に関する史実資料』）。

学徒隊の編成は、学校長ならびに沖縄県知事の島田《しまだ》叡《あきら》・第三二軍司令官牛島《うしじま》満《みつる》中将・沖縄連隊区司令官が深く関与していたのである。

志願の手続き

前述したように一九四四年一二月一二日からは一四歳以上が志願対象者となっていた。当時、中学校の受験資格は国民学校六年卒業者（一二歳）以上となっているため、多くの中学一年生は対象年齢ではないので自宅に帰されたが、他方、一年生でも一四歳となっていれば志願対象者とみなされた事例もある。

彼ら志願者は、保護者や校長らの押印が必要なので、召集前に一時帰宅が許されている。その際に父から「しっかり奉公してこい」と激励された者もいたが（一中　与座《よざ》章健・当時四年生）、一方では「学校から呼び出され卒業式だと思っていったら鉄血勤皇隊に編入された」（三中　東江《あがりえ》平之《なりゆき》・当時一年一四歳）と述べ、戦後、戦争孤児となった一中の城間《しろま》期一《いち》（当時四年生）は、弟の召集令状を母親にみせたところ「お父さんは防衛隊にひっぱられ、お前も鉄血勤皇隊に入るというのに、清（弟）まで連れて行くのか、幼い弟妹たちはどうなるのか」と叱られたという（兼城一編著『沖縄一中・鉄血勤皇隊の記録（上）』）。また、自宅が遠距離で帰省できなかった者・親に反対され押印がない者も多く、学校当局が保護者印を印鑑屋でつくらせ、押印したケースもあったという（ひめゆり平和祈念資料館編『ひめゆり平和祈念資料館　資料編・沖縄戦の全学徒』）。

戦後、厚生省は沖縄がサンフランシスコ平和条約で日本国から切り離された一九五二年以後、沖縄にも「戦傷病者戦没者遺族等援護法」(以下援護法)を適用させることを目的に沖縄戦実態調査を行っている。その際に、厚生省は学徒隊について「一七歳未満の学徒から兵士として動員された者の扱いについて、『旧兵役法から考えてもこれを軍人扱いすることは相当の難点』、しかし「事実に基いて軍人として処理することに決定した」と述べている(『沖縄県史 各論編六・沖縄戦』)。この志願者手続きは、厚生省からみてもあきらかに違法だったのである。

林博史は、女子学徒隊の召集について「女子学徒動員あるいは女性の勤労動員についての政令や行政決定などはいくつもなされており、学徒勤労動員としては一定の法的根拠はあったといえるかも知れないが、軍の看護婦(あるいは補助看護婦)として召集するような法的根拠はない」と述べ、「軍と県がなし崩し的に戦場に動員したのではないかと考えられる」と指摘している(同前書)。

学徒隊が編成された様子をこれまで蓄積された資料などからみてみよう。

鉄血勤皇隊・通信隊の編成

一九四五年三月二三日、米軍による空襲・艦砲射撃が始まった。師範男子部・各中学校では三月二三〜三一日にかけ、鉄血勤皇隊および通信隊が編成されている。

以下では、元沖縄県知事大田昌秀《おおたまさひで》の編著書『沖縄　鉄血勤皇隊』、ひめゆり平和祈念資料館編『沖縄戦の全学徒』（改訂版）を参考に述べる（本項では両書籍以外の参考資料のみ記載する）。

大田昌秀は一九二五年に久米島《くめ》で生まれ、沖縄戦中は沖縄師範鉄血勤皇隊の一員として第三二軍司令部に配属された。戦後、大田は琉球大学教授を経て一九九〇年に沖縄県知事に就任すると、「平和の礎《いしじ》」の建立や、新沖縄県立平和祈念資料館、沖縄県公文書館の建設に携わっている。また、一九九五年に起きた米兵による少女暴行事件を端緒に在沖米軍基地の整理縮小や日米地位協定見直しを日本政府に訴えるなど、沖縄戦体験者として平和行政を実践、二〇一七年に亡くなった後も沖縄県民に慕われた人物である。

沖縄県立師範学校男子部では三月二二日（もしくは二三日）、第三二軍司令部から駒場《こまば》少佐が伝達にやってきて、「沖縄師範学校職員生徒は第三十二軍司令官の命により本日より全員鉄血勤皇隊として軍に徴された。軍に協力して一日も早く醜敵を撃滅して陛下の御宸《ごしん》襟《きん》を安んじ奉るよう（陛下の心を安心させるため）固く決意やならねばならぬ。生徒諸君の郷土の防衛は諸君自らの手にかかっている。すべてを担いつつその任に殉ず、覚悟をきめるべきである」と訓示したという（沖縄県平和祈念資料館所蔵「沖縄戦における学徒の従軍概況」）。師範学校の生徒は三月三一日、第三二軍司令部壕近くに掘られた留魂壕に集結し、

図３　笑顔の一中生（55同期会事務所編『幻のアルバム沖縄県立第一中学校1943年卒業』1997年）
卒業２年後に沖縄戦がやってきた．

鉄血勤皇隊を編成した。

県立第一中学校は、三月二五日に第三二軍から沖縄連隊地区司令部通じて学徒動員が下令されると、一中の配属将校である篠原保司《しのはらやすじ》中尉のもと書記および生徒三名とともに夜中まで召集令状を作成し、自宅で待機していた一中生に令状を配ったという。その当事者である仲地《なかち》清雄（当時五年生）は、養《よう》秀寮《しゅうりょう》に滞在していた生徒と一緒に「浦添《うらそえ》、西原《にしはら》、宜野湾《ぎのわん》方面へ令状配布に行った」「三月二七日の卒業式に参列した者は、その場で正式な軍命令で召集を決定された」「三月二九日午前八時頃首里養秀寮に於いて球九七〇〇部隊入隊の入隊式が行われ、各人二等兵を命ぜられたことを上官に申告した」と振り返る（同前史料）。

第二中学校は十・十空襲で、一部の校舎を残し焼失していた。校長の山城篤男《やましろあつお》は残った校舎で授業を行っていた際、将校らがきて生徒らの入隊を命令されたと、次のように回顧する（同前史料）。

> 私が未だ焼跡で教育を進めて居た頃、或日突然現地軍（多分、武部隊）の将校が二人訪ねて来た。そして何やら計画書を携えて来て、私と配属将校高山八千代中尉を呼び、通信隊組織の件を説明した。そして一、二、三年の少年学徒、中から約一二〇名程選び出して入隊させよとの命があった。校長としては、この軍命に絶対承服を強いられた。配属将校は私と協議の結果、早速候補者をあげた。選定の条件は軍側から示されたものとしては、一、学力優秀　二、誠実にして機密を守る者　三、立ち回りのよい活動的な者の三つであった。翌日はこれ等の生徒にテストを行ったのち入隊者を決定した。指定された百十余人は紅顔豊頬の美少年達であって、年齢は十四、五歳であった。彼等の入隊は否応なしに決められた。（一部読点は筆者挿入）

また第二中鉄血勤皇隊は金武《きん》国民学校に滞在中、北部の宇土《うど》部隊に入隊する予定で、約一五〇名の生徒を三月二〇日頃、保護者に承諾書に押印させるため一時的に帰宅させていた。その後、配属将校の高山中尉は、武器も食糧も不足しているとの判断で解散を命令、高山は残った約一五名の生徒を引き連れ八重岳の宇土部隊へ加わった。

第三中学校では、召集前に運動場に集められ配属将校谷口博《たにぐちひろし》中尉に、自宅に戻り保護者の承諾印を持ってくるように命令された。当時三年生だった山内敏男《やまうちとしお》（当時一五歳）は「翌日の朝礼で谷口が『志願する者は前に出ろ』と言ったら、七〇〇名近くいる生徒のうち五、六〇名ほどしか出ない。そしたら配属将校が烈火のごとく怒ってね。サーベルよ、ジェラルミン製の軽い形だけの刀を下げていたのがひん曲がってた。そばに立っている校長先生も震えているのが見てわかる。僕の隣りの先生が『山内くん、配属将校が怒ってるよ』、いや、家では志願するなと言われています。『そういう状態じゃないだろう』ってね、（中略）でも結局強制で全部志願したわけ」と振り返る（『語りつぐ戦争 第二集』）。

県立水産学校の瀬底《せそこ》正賢（当時一六歳・二年生）は「三月二十八日球一六一六部隊通信隊から学徒受領のため、下士官が来校し、各自に一日二日の暇を興えて父母の下に帰され、父母の承諾を得さしめた。その時、若し出校しない場合は憲兵隊に捕えられるから是非四月一日までに首里の球一六一六部隊司令部に集合するよう命令を受けて帰郷した」と述べ（沖縄県平和祈念資料館所蔵「沖縄戦における学徒の従軍概況」）、同じく開南《かいなん》中学校でも召集前に家族との面会が許されるが、「帰隊しない場合は憲兵の捜索がある」とくぎを刺されたという（同前史料）。生徒らは入隊せざるを得ない状況に追い込まれ、脅しともいえる強制された志願だったのである。

看護訓練の実施

一九四四年一二月、第三二軍三宅忠雄参謀と沖縄県中等学校教育行政担当の真栄田義見地方事務官が、「女学校上級生に対しては看護訓練を実施する」ことを話し合っていたことは前述した。だが、師範学校女子部と一高女では、すでに前月の一一月には学校内で軍医や衛生兵による看護教育が始まっており、両校はあらかじめ看護隊として従事することが決まっていたのだろう。年が明けた翌一月には首里高等女学校と、北部の第三高女で看護訓練が始まり、第二高女・積徳《せきとく》高等女学校では一九四五年二月から看護訓練が行われている。第二高女ではその頃、「学校に復帰しなければ卒業を認めない」「看護隊に入隊しなければ（卒業を）認めない」という通知が学校からきたといううわさが流れていたという。実際に師範学校女子部の生徒たちは、疎開すれば「官費（奨学金）を全額返済せよ」「教員免許を渡さない」と脅されていたという。

第三高女では一九四五年一月から、選抜された四年生の一〇名が、沖縄陸軍病院名護分院で約二〇日間の看護実習訓練を行っている。宮古島・石垣島でもこの時期から看護教育が行われており、学校によって若干の違いはあるが、生徒らの「志願」もあったが、それ以上に軍の指示・命令で戦場へと向かわざるを得ない状況だったのである。

戦場へ

第三二軍の沖縄戦計画

米軍上陸三ヵ月前の一九四五年一月、大本営は「帝国陸海軍作戦計画大綱」を発表した。元大本営陸軍部作戦第二課の杉田一次《すぎたいちじ》大佐は、後に本作戦計画の根本思想は「最終決戦を日本本土において完遂する。このため中支沿岸の要域、台湾、南西諸島、硫黄島の要域を外郭防衛線とし、該地域において靭強な持久作戦を遂行し、敵の本土進攻を遅滞させ、この間早急に本土の決戦準備を完整する」（傍線は筆者）ことと述べている（大田嘉弘『沖縄作戦の統帥』）。

また第三二軍を隷下に置く第一〇方面軍（台湾）の諫山春樹《いさやまはるき》参謀長は、第三二軍の長《ちょう》勇《いさむ》参謀長と八原博通《やはらひろみち》高級参謀長に対し、「米軍が南西諸島や台湾に来攻した場合、中央にはこれを救済する手段がない。結局われわれは、本土決戦のための捨て石部隊なのだ。つくすべきをつくして玉砕する外はない」と伝えたという（大田昌秀編著『総史 沖縄戦』）。第三二軍の沖縄戦は南西諸島を守り抜く戦争ではなく、捨て石部隊となって、日本本土決戦に向け時間を稼ぐための戦争だった。何も知らされず兵士となった少年少女たちは、捨て石部隊となった第三二軍の持久作戦の一兵士として戦場に立たされたのである。

第三二軍の沖縄島作戦は「有力なる軍の一部を以て伊江島及本部半島を確保すると共に、主力を以て沖縄本島南半部に陣地を占領し海空軍と協同して極力敵戦力の消耗を図り機を見て主力を機動集結して攻勢に転し敵を本島南半部に於て撃滅する」ことであった（『戦史叢書 沖縄方面陸軍作戦』）。つまり、北部（やんばる）では有力なる一部の軍隊で伊江島と本部半島を保持し、沖縄島南半部（宜野湾市嘉数《かかず》以南）では、第三二軍の主力部隊で陣地を構築し持久戦を行うという計画である。

沖縄島内の九校の鉄血勤皇隊・通信隊と六校の女子看護隊（補助看護隊）は、その作戦計画にもとづいて配属された。

沖縄島の地上戦は、一九四五年四月一日から第三二軍司令官の牛島満中将・長勇参謀長が自決した六月二三日（二二日説もある）まで続いた。しかし、その後も戦略なき戦闘状態は続き、生き残った学徒は六月下旬までに米軍の捕虜となるが、一〇月頃まで身を潜めていた学徒もいた。

鉄血勤皇隊・通信隊の動員数・戦死者数

表5をみると、動員された総人数は教員を含め一四九三名で、そのうち犠牲となった学徒隊七九二名、教員二四名、合わせると八一六名である。また動員数・戦死者数が明らかな七校（那覇市立商工学校の戦死者一一四名は含まない）の戦死率は四七％と、約半数近くが犠牲となっている。

項目の「学徒隊以外の生徒・教員戦死者数」とは、学徒隊ではなく正規軍として召集された者、もしくは住民として戦場をさまようなか犠牲となった者で、トータルの戦死者数は、それを含めた人数である。当時の在校生および教員数が不明のため戦死率は出せないが、この戦争で一六〇二名の生徒および教員が犠牲となった。

一中の仲地清雄（当時五年生）は、一九四五年二月上旬、校長に伴われて一中生徒代表として出席した県知事を含めた会議で、はじめて鉄血勤皇隊という隊名を耳にし、その時、島田《しまだ》叡《あきら》知事が「鉄血勤皇隊は戦闘部隊ではない」「空襲の際、学校職員とともに消火に当たったり、食糧増産にはげんだりすることが、鉄血勤皇隊の主な任務である」「戦争に勝つためには協力しなければならぬ」と訓示したという（兼城一編著『沖縄一中・鉄血勤皇隊の記録（上）』）。だが、彼らは戦線に立たされた。

学徒隊以外の生徒戦死者数	学徒隊以外の教員戦死者数	戦死者合計
召集64	10	生徒290・教員19 計309
その他135	12	生徒288・教員18 計306
その他71	9	生徒186・教員9 計195
召集35・その他11 計46		生徒88・教員0 計88
召集64・その他37 計101	5	生徒124・教員6 計130
召集5・その他22 計27	7	生徒58・教員8 計66
その他70		生徒158・教員7 計165
召集4・その他39 計43		生徒157・教員0 計157
不　明	不　明	生徒182・教員4 計186
0	0	0
0	0	0
0	0	0
召集172・その他385 計557	43	生徒1,531・教員71 計1,602

た.

表5　鉄血勤皇隊・通信隊動員数・戦死者数

学校名	動員数	戦死者数	学徒隊(教員含む)としての戦没者率
沖縄師範学校男子部〈師範鉄血勤皇隊〉	生徒386・教員24	生徒226・教員9	57%
沖縄県立第一中学校〈一中鉄血勤皇隊〉〈一中通信隊〉	生徒273・教員12	生徒153・教員6	56%
沖縄県立第二中学校〈二中鉄血勤皇隊〉〈二中通信隊〉	生徒140・教員1	生徒115	82%
沖縄県立第三中学校〈三中鉄血勤皇隊〉〈三中通信隊〉	生徒344・教員19	生徒42	12%
沖縄県立農林学校〈農林鉄血勤皇隊〉	生徒130・教員10	生徒23・教員1	17%
沖縄県立水産学校〈水産鉄血勤皇隊〉〈水産通信隊〉	生徒48・教員2	生徒31・教員1	64%
沖縄県立工業学校〈工業鉄血勤皇隊〉〈工業通信隊〉	生徒97・教員7	生徒88・教員7	91%
那覇市立商工学校〈商工鉄血勤皇隊〉〈商工通信隊〉	不　明	生徒114	不　明
私立開南中学校〈開南鉄血勤皇隊〉〈開南通信隊〉	不　明	不　明	不　明
沖縄県立宮古中学校〈宮古中鉄血勤皇隊〉	不　明	0	不　明
沖縄県立八重山中学校〈八重山中鉄血勤皇隊〉	不　明	0	不　明
沖縄県立八重山農学校〈八重農鉄血勤皇隊〉	不　明	0	不　明
計	生徒1,418・教員75 計1,493人	生徒792・教員24 計816人	不　明

※本表は『沖縄県史 各論編6・沖縄戦』をもとに，動員数から戦没者率を追加し

女子学徒隊の動員数・戦死者数

表6をみると、女子学徒隊の動員された総人数は教員を含め五二三名で、そのうち犠牲となった学徒隊員は一八八名、教員一三名を合わせると二〇一名である。また沖縄島内六校の動員数からみた戦死率は約五〇%と、半数が犠牲となっている。項目の「学徒隊以外の生徒・教員戦死者数」とは、戦場をさまようなか犠牲となった者で、それらを含めた当時の在学生および教員四四七名が犠牲となった。

総数二〇一名の学徒隊犠牲者のうち第三高女・宮古・八重山を除く一九八名は、沖縄島の中南部地域で犠牲となっていた。以下に、戦場の様相を中南部地域と北部地域にわけてみてみる。

中南部への配置

沖縄戦において中南部地域は、「主力を以て沖縄本島南半部に陣地を」構築し、米軍を「本島南半部に於て撃滅する」位置づけだった。第三二軍は持久戦の戦場を中南部と決定し、多くの鉄血勤皇隊・看護隊を配置させたのである。

鉄血勤皇隊の場合、先述した第二中学校のように四月上旬時点で解散した学校もあり、その際に親元に戻るか、もしくは最寄りの軍隊へ、さらには自ら進んで激戦地へと向かった学徒もいる。戦場の混乱状態で個々の動きは捉えきれないため一律に配置地域を断定することはできないが、最初の指示・命令で配置された学校を地域単位でみると、南部では主に①師範鉄血勤皇隊、②一中鉄血勤皇隊および通信隊、③二中通信隊、④工業鉄血勤皇隊および通信隊、⑤商工鉄血勤皇隊および通信隊、⑥水産通信隊、⑦開南鉄血勤皇隊および通信隊の七校一一部隊が配置されている。また看護隊（補助看護隊も含め）は、①ひめゆり学徒隊（師範学校女子部・一高女）、②白梅《しらうめ》学徒隊（第二高女）、③瑞泉《ずいせん》学徒隊（首里高等女学校）、④積徳学徒隊（積徳高等女学校）、⑤梯梧《でいご》学徒隊（昭和女学校）である。男子・女子合わせて一三の学校が中南部へ配置された。

これまで蓄積された各市町村史の証言をみると、戦禍のなか精神に異常を来した少年少女たちもいる。また彼らの証言を四月上旬から六月末頃まで時系列で俯瞰すると、四月下旬から戦死者が増え始め、五・六月と持久戦が継続されるなかで戦死者が増大していくことがわかる。次にその様相をみてみる。

鉄血勤皇隊・通信隊―中南部の戦場

三月二三日、米軍による空襲が始まり、翌二四日には艦砲射撃が加わった。そして二六日、米軍は慶良間《けらま》諸島に上陸すると同時に、沖縄島上陸の前段として那覇港に近い神山島《かみやま》（チービシともいう）に砲台を設置、陸砲を撃ち始めた。四月一日、米軍は沖縄島中部の西海岸から上陸を開始、北部へ一部の戦闘部隊と軍政府の主力部隊を送り込む一方、日本軍の主力部隊が待ち構え

学徒隊としての（教員含む）戦没者率	学徒隊以外の生徒戦死者数	学徒隊以外の教員戦死者数	戦死者合計
生徒：師範52%, 第一高女65%・教員72%　計57%	88	3	生徒211・教員16 計227
37%	41	8	生徒58・教員8 計66
10%	1	0	生徒2・教員0 計2
54%	22	0	生徒55・教員0 計55
12%	25	5	生徒28・教員5 計33
53%	49	4	生徒58・教員4 計62
	0	0	生徒1・教員0 計 1
	0	0	生徒1・教員0 計 1
	0	0	0
生徒37%・教員72% 計38%	226	20	生徒414・教員33 計447

を追加した.

表6　女子学徒隊の動員数・戦死者数

学校名	動員数	戦死者数
沖縄師範学校女子部 沖縄県立第一高等女学校 〈ひめゆり学徒隊〉	生徒：師範157，第一高女65・教員18 計240	生徒：師範81，第一高女42・教員13 計136
沖縄県立第二高等女学校 〈白梅学徒隊〉	46	17
沖縄県立第三高等女学校 〈なごらん学徒隊〉	10	1
沖縄県立第首里高等女学校 〈瑞泉学徒隊〉	61	33
沖縄積徳高等女学校 〈積徳学徒隊〉	25	3
私立昭和女学校 〈梯梧学徒隊〉	17	9
沖縄県立宮古高等女学校 〈宮古高女学徒隊〉	48	1
沖縄県立八重山高等女学校 〈八重山高女学徒隊〉	約60	1
沖縄県立八重山農学校（女子） 〈八重農（女子）学徒隊〉	16	0
計	生徒505・教員18 計523	生徒188・教員13 計201

※本表は『沖縄県史 各論編6・沖縄戦』をもとに，動員数から戦没者率

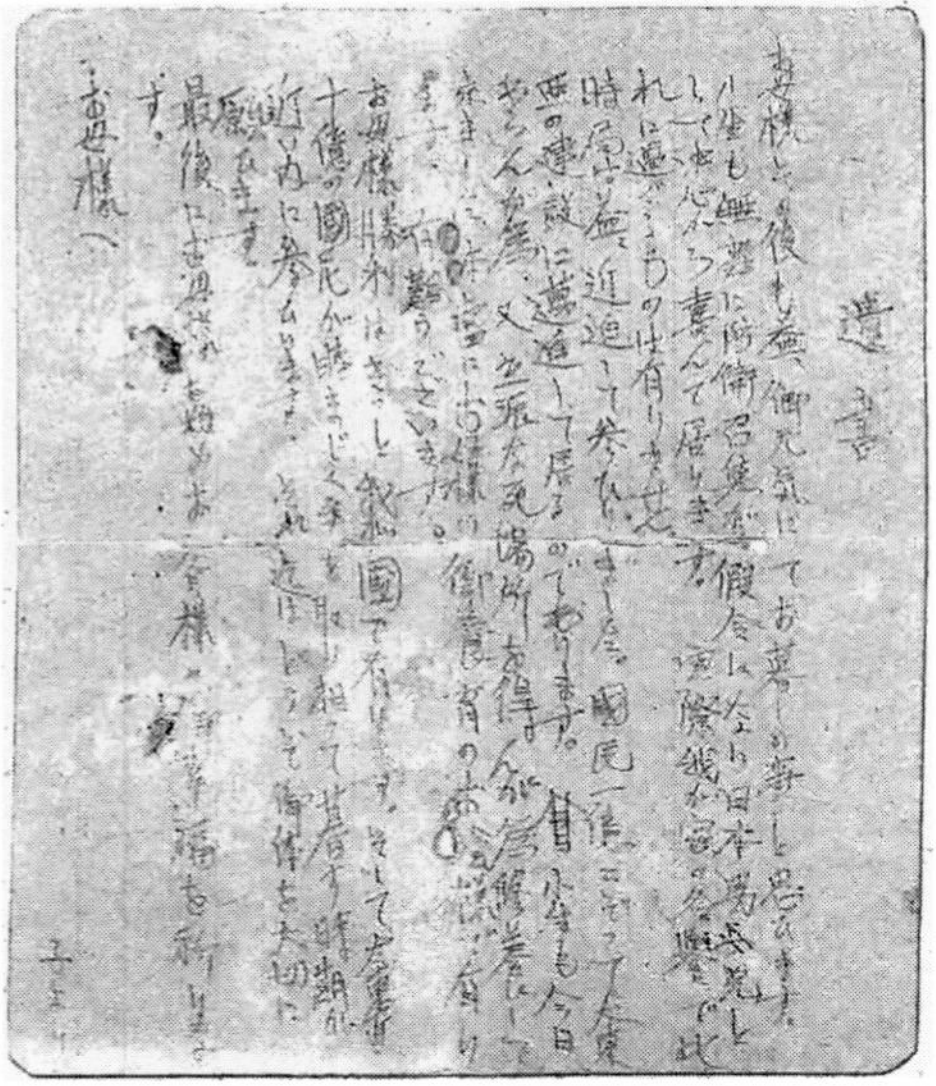

図４　「遺書」（作成者不明，養秀館同窓会所蔵）
「死場所を得んが為修養」してきたと記されている．

ていた中南部へ大量の米軍を送り込んだ。

以下、順を追って鉄血勤皇隊・通信隊の様相をみてみる。

〈四月上旬〉一中鉄血勤皇隊では、遺書を書いていた（同前書）。

三年一組　仲泊良兼《なかどまりよしかね》

父母上様今度の戦ひは天下分け目の戦ひで、勝つか負けるかの、非常に至ったのであります。国家の危機に馳せつけるのが、我等青少年であります。（中略）自分の体は自分のではない、陛下の赤子であります。（中略）父母上様よ、大日本は神国である事を念頭において、大事に当たってください。さやうなら

仲泊良兼は、五月四日に神山島から放たれた砲弾が直撃し即死している。

師範鉄血勤皇隊では四月三日、江田《えだ》智英（本科一年）が最初の戦死者となった。四月一

二日、一中の養秀寮が米軍の艦砲射撃で崩壊、池原《いけはら》善清と佐久川《さくがわ》寛弁が焼死体で発見され、宮城《みやぎ》吉良が重傷を負って二日後に戦死した。三人は一中生で最初の犠牲者であった（同前書）。

開南鉄血勤皇隊は、宜野湾・浦添戦線に配置された第六二師団独立歩兵第二三大隊へ入隊していた。この地域は最初の激戦地で、四月上旬から下旬にかけ激しい戦闘が繰り広げられた地域である。開南鉄血勤皇隊はこの時期にほぼ全員が戦死したという。従って証言が少なく開南鉄血勤皇隊として入隊した人数は不明となっているが、当時四年生の在籍者一一四名中、疎開や進学などの理由で三七名が日本本土へ、三六名が現地入隊の控えだったという。残る四一名中、常時出校していたのは三〇名程度だったという記述が残ることから、おそらく三六名の現地入隊控えと、常時出校していた約三〇名は兵士として、あるいは学徒隊として戦場へ立たされたと考えられる。

〈四月下旬〉二中通信隊は、首里・浦添村に駐留していた第六二師団司令部・第六三旅団司令部・第六四師団司令部に配属されていた。この時期、浦添は米軍と隣り合わせの状態となっており、激しい攻防戦が繰り広げられている。二六日には無線班の二名が重傷を負い、隊員の犠牲が相次いで出始めた。

二二日、首里では師範鉄血勤皇隊の千早隊《ちはやたい》、久場良雄《くばよしお》（本科二年）が犠牲となった。同二六日には仲吉朝英《なかよし》（本科二年）が留魂壕入口で被弾し戦死した。四月下旬には野戦築城隊の津波古《つはこ》正行（本科二年）が陸軍病院壕で亡くなった。

〈**五月上旬**〉水産通信隊は、第三二軍司令部の壕内で通信兵と共に通信業務や監視などの任務に就いていた。五月七日、繁多川（那覇市）で通信隊員らが電話線の架設作業中に至近弾を浴び、二名が戦死した。同日、師範鉄血勤皇隊の東江《あがりえ》政昌（本科三年）が米戦車に肉迫攻撃するため弁ヶ岳《べんがたけ》（首里）北方に向かっている途中、頭部に被弾して戦死した。その前に同じく斬込隊《きりこみたい》の内間《うちま》安和（本科三年）も右大腿部に被弾して戦死した。

大田昌秀は「日を追って生徒の死者が相次いだ」、「五月一七日には首里眼前の安波茶《あはちゃ》（浦添市）が米軍に占領され、守備軍司令部の命令で鉄血勤皇師範隊から二五名の特編隊が、即席の迫撃砲の操作訓練を受けた後、弁ヶ岳の攻防戦に派遣され全滅してしまった」と振り返る。

第六二師団（南部・豊見城《とみぐすく》の重砲陣地）有線班に配属された二中通信隊でも、米軍が前田高地付近に進攻した頃から多くの死傷者が出始めたという。

〈**五月下旬**〉工業中学一・二年生から選抜された一〇七名の工業通信隊は、浦添や豊見城に配置されていた。新垣安栄は「敵は明日から安里《あさと》、坂下《さかした》を上って首里に来るとの作戦から敵戦車を坂下方面で撃破する為に、人間爆雷の突撃隊が編成された。第一班に又もや体の大きい僕が任命された。（中略）急造爆雷を背中に括られ、夜のうちに現場にてたこつぼ壕掘り、朝一番に戦車が来るからそれに突っこめとのことである。（中略）御国の為だ、郷土の盾となるのだと、自分に言い聞かせていた。（中略）いよいよ三日目だ、今日は最後だと思って待機しているところへ南部への撤退命令なのである」と回想する。

師範鉄血勤皇隊の斬込隊員らは二七日、摩文仁《まぶに》（糸満市《いとまん》）に到着したが、再び首里へ戻り、壕の爆破などを行ったという。そして、再び摩文仁に戻る途中で城田栄《しろたさかえ》（本科三年）と仲地万蔵《なかちまんぞう》（本科三年）が負傷し、第八四師団（石部隊）の病院に担送されたが戦死したという。

〈六月上旬〉六月初旬から、米軍は沖縄島中部で奪った日本軍飛行場から南部へ向け出撃していた。米軍は地上部隊に加え、空からナパーム弾とロケット弾、機銃掃射による攻撃を行っていたのである（林博史『沖縄からの本土爆撃』）。

摩文仁に追い込まれた師範鉄血勤皇隊は犠牲者が続出した。七日、宮城《みやぎ》慶友（本科二年）が、立哨《りっしょう》中に艦砲弾を浴びて戦死、兼島《かねしま》明（予科二年）と知念《ちねん》悟吉（同）も摩文仁岳で被弾して戦死した。六月一〇日には、野戦築城隊の隊員らが摩文仁の壕の外で休息中に突然集中弾を浴び、山田盛廣（本科二年）・久保田《くぼた》博（本科一年）・照屋《てるや》寛明（本科二年）の三名が即死したほか、石垣《いしがき》永展（本科二年）・知念真一郎（予科二年）・宇江原《うえはら》総英（本科一年）ら三名が負傷、後に戦死した。さらに一一日、立哨中の宮平契徳《みやひら》（本科三年）が腹部に被弾して戦死、翌一二日には山城長秀《やましろ》（本科三年）が頭部に被弾して即死した。

〈六月下旬〉大田昌秀は、「一四日には千早隊員の佐久間吉雄《さくま》（本科三年）は、迫撃砲の集中砲火を浴びて重傷を負い、二日後に死亡した。前日には下腹部と大腿部に重傷を負っていた新垣正良（本科二年）が、学友に看取られながら犠牲となった。一五日になると、（中略）死傷者が続出するようになった。（中略）野戦築城隊の宮城篤全（本科三年）と、撤退の途中に負傷していた比嘉《ひが》正良（本科一年）の二人が、同僚を壕外に出した後、手榴弾で自決した」と回想する。

一八日、米第一〇軍司令官バックナー中将が南部の国吉《くによし》台地で前線視察中に、日本軍の攻撃によって戦死した。他方、同日に第三二軍司令官牛島満中将は中南部へ配置された日本軍に解散命令をだし、「国頭《くにがみ》突破」を指示している。解散命令がでたことで、鉄血勤皇隊や女子看護隊は戦場をさまようことになり、犠牲者はさらに急増した。

大田は「一八日には〝解散〟と言いながら、『鉄血勤皇師範隊は敵中を突破して本島北部の国頭へ脱出し再起を図れ』」といわれ、翌「一九日、平井房吉（本科二年）、新垣幸助（本科一年）、上原昇（同）は爆雷を背負って出撃し、二度とは戻って来なかった。千早隊の仲田《なかだ》清元（本科二年）も爆雷を背負って後に続いたが、行方不明となった」と振り返る。

一九日の敵中突破は、工業鉄血勤皇隊の前外間盛正《まえほかま》（当時一年生）も記憶しており、「昭和二〇年六月一九日頃、敵の包囲状態に陥ったので、部隊長から『部隊は分散して敵陣を突破して国頭に撤退せよ』との命令があり、本日国頭突破のため敵中に斬り込み本地付近で多数の戦死者が出た」と語る（沖縄県平和祈念資料館所蔵「沖縄戦における学徒の従軍概況」）。また、第三二軍と同行していた商工鉄血勤皇隊および商工通信隊も、一九日夕刻から二〇日の朝にかけて敵中に斬り込みを敢行している。商工通信隊は米軍の猛反撃を受け、一人だけ生き残ったという。

一中鉄血勤皇隊では、一八日からは「ほとんどが斬り込み攻撃に参加し、鉄血勤皇隊員らも兵隊と共に斬り込みに突入したまま、二度と還らない者が多く出るようになった。二一日に司令官和田孝助《わだこうすけ》中尉が自決した後、隊員たちは最後の斬り込みを命じられ、鬼武中尉の指揮で斬り込みに出たが、米軍戦車と歩兵に包囲されて全滅状態に陥った」という。

摩文仁に追い込まれた学徒たちは、「斬り込み」という無謀な戦略と、相対する米軍のバックナー中将が戦死したことへの報復攻撃との狭間で多くの尊い命を落としたのである。大田は「六月二二日には守備軍司令官牛島満と長勇参謀長が自決した。こうして日本軍の組織的抵抗が止むと、摩文仁一帯は米軍の一方的殺戮場面となり、多くの鉄血勤皇師範隊員らがあたら若い命を失う結果となった」と振り返る。

また一中鉄血勤皇隊が最後の斬り込みを行った二一日、摩文仁にいた水産鉄血勤皇隊は、重要書類を摩文仁隣りの具志頭《ぐしちゃん》集落（八重瀬《やえせ》町）の海岸から与論《よろん》島まで運搬する任務を与えられたという。瀬底《せそこ》正賢（当時二年生）は「（約二〇名のなかから）五名が選ばれ、司令部へ行き某参謀に引率されて与論（奄美《あまみ》諸島最南端の島）に出発したと推測されるが、その後消息不明」と述べている（同前史料）。

女子看護学徒隊
——中南部の戦場

看護学徒隊となった少女たちは、南風原《はえばる》陸軍病院や各野戦病院に配属された。病院といっても山の斜面などを掘った人工壕か、もしくは鍾乳洞（ガマ）であり、北部では山中のなかに山小屋を設置したぐらいであった。女子学徒たちの役割は、場所は違ってもほぼ同じで手術室でのランプ持ち、軍医の助手活動や包帯巻き、切断した手足や死体の片付け、排尿・排便・汚物の処理など、また医療衛生関係だけでなく飯上げ・水運びなど、ありとあらゆる作業が彼女たちに圧しかかった。病院壕のなかは患者があふれだし、強烈な異臭を放っていたという。他方、それでも病院壕は鉄の暴風をしのぐ場所でもあった。第三二軍の南部への撤退とともに、彼女たちも病院壕を後に南部へと向かった。

壕を転々とするなか、彼女たちは地獄絵をさまようことになる。そして鉄血勤皇隊と同じく彼女たちも解散命令後、多くの命を落とした。

〈**三月下旬**〉一五日頃、瑞泉学徒隊（首里高女）と梯梧学徒隊（昭和女学校）が第六二師団野戦病院、通称ナゲーラ壕に配属された。そして二三日から始まった米軍の空襲・艦砲射撃のなか、ひめゆり学徒隊（師範学校女子部・一高女）は南風原陸軍病院へと配属された。ひめゆり学徒の場合、当初の動員対象は上級生だけだったが、激しい空襲で大混乱となり、寮にいた下級生もまるごと動員されたという。また同日、積徳学徒隊（積徳高女）も豊見城にあった第二四師団第二野戦病院に向かっている。翌二四日、白梅学徒隊（第二高女）が東風平《こちんだ》村富盛《ともり》の八重瀬岳に置かれていた第二四師団第一野戦病院に配属された。

〈**四月上旬**〉米軍の空襲・艦砲射撃が始まると多数の負傷者が出始め、南風原陸軍病院・各野戦病院とも負傷兵が急増した。看護隊となった少女たちは休憩・就寝時間はなくなり、壁や柱にもたれて仮眠をとる状態になったという。

四月中旬、南部・豊見城の第二四師団第二野戦病院にも、中部宜野湾・浦添前線からの負傷兵が運ばれてきた。積徳学徒隊の真喜志光子《まきしみつこ》は「頭をやられた兵隊、手足を負傷した兵隊、（中略）壕内は負傷兵の高熱とムンムンして熱気、血の臭い、膿の臭い、排泄物の臭い、（中略）この世の生き地獄でした」と回想する。あふれでた負傷兵を押し込むため、各病院では分室が増設され、彼女たちはそれぞれの分室にも配属された。ナゲーラ壕にいた瑞泉学徒隊の一三名は、より前線に近い仲間《なかま》地区（浦添市）の野戦病院の分室に配属されている。
〈**四月下旬**〉二三日の晩、仲間分室壕で勤務していた真栄城信子《まえしろのぶこ》（瑞泉学徒隊）は、砲弾を受け戦死した。南風原陸軍病院では二六日、ひめゆり学徒隊最初の犠牲者がでた。佐久川米子《さくがわよねこ》（師範予科二年）は壕入口で機銃掃射を受け右足に被弾、出血多量で亡くなったという。
〈**五月上旬**〉四日、陸軍病院においてひめゆり学徒隊の上地貞子《うえちさだこ》（本科一年）が壕入口で頭部に被弾し即死。同日、嘉数《かかず》ヤス（師範本科一年）も砲弾による壕落盤で生き埋めになった。一一日には島袋《しまぶくろ》ノブ（本科一年）が迫撃砲を受け戦死。一六日には嵩原《たけはら》ヨシ（本科一年）が壕入口で全身に砲弾の破片を受け戦死した。
九日、一日橋《いちにちばし》分室で看護作業にあたっていた波平節子《なみひらせつこ》（一高女三年）と前田シゲ（一高女三年）も、米軍によるガス弾で即死した。その砲撃の後遺症で安里千江子《あさとちえこ》（一高女三年生）と前川静子《しずこ》（一高女三年生）は精神に障害を受けたという。
一三日、識名《しきな》分室では、壕入口で寝ていた梯梧学徒隊の前川清子《きよこ》と饒波八重子《のはやえこ》が、爆風で重傷となり戦死した。
〈**五月下旬**〉二五日、沖縄陸軍病院に撤退命令がでた。従事していたひめゆり学徒隊の記述によると、「重症患者らが『自分たちも連れて行ってくれ』と騒ぎだしましたが、『重症患者は、後からトラックや担架で運ぶ』と言う衛生兵の言葉を信じ」「重症患者を残して壕を出ました。撤退直前に、師範本科二年生の狩俣《かりまた》キヨは二度被弾し、壕内に残されその後死亡しました」と振り返り、その後、残された患者らは青酸カリを飲まされていた。ナゲーラ壕でも二〇～二九日にかけ撤退が始まった。分室の識名病院壕でも南部への撤退が行われ、その際に壕内にいた重傷患者はモルヒネやクレゾール液で処置されている。

〈**六月上旬**〉ひめゆり学徒隊の町田愛子《まちだあいこ》（一高女四年）は、糸洲《いとす》第二外科壕近くの民家で休憩していたところ、砲弾を受け戦死した。一四日には山城《やましろ》本部壕が直撃弾を受け、伝令に来ていた宜保春子《ぎぼはるこ》（師範予科三年）が即死した。その翌日、重傷を負った安座間《あざま》晶子（予科二年年）が亡くなっている。

七日、瑞泉学徒隊は米須《こめす》の壕近くにあった庶務班の壕が直撃を受けて落盤し、全員生き埋めになった。無事に助けだされた生徒もいたが、武富《たけとみ》シゲは生き埋めになったまま死亡した。また同日、梯梧学徒隊の大城《おおしろ》キヨと仲栄間米《なかえまよね》も犠牲となっている。

〈**六月下旬**〉一七日、ひめゆり学徒隊がいた伊原《いはら》第一外科壕入口近くに砲弾が落ち、荻《おぎ》堂《どう》ウタ子（本科一年）、古波蔵満子《こはぐらみつこ》（予科三年）、牧志鶴子《まきしつるこ》（一高女四年）のほか、多数の陸軍病院関係者が犠牲となった。

翌一八日、ひめゆり学徒隊に解散命令がでた。責任者の西平英夫《にしひらひでお》校長は、日本軍から急《せ》き立てられるようにして、生徒を引き連れ壕をでていかざるを得なかったという。伊原第一外科壕には、負傷したひめゆり学徒九名がいた。そのうち二人だけが生き残った。

翌日の明け方、伊原第三外科壕に黄燐弾《おうりんだん》が投下され、教員四名と生徒三八名が戦死、五名が生き残った。この壕を脱出した教員一人と生徒らもいたが、その後消息不明となっている。同日の朝、米軍は山城丘陵へも攻撃を行った。比嘉《ひが》静江《しずえ》（本科一年）と宮城フミ（本科一年）は、丘陵へ向かう途中に砲弾の小破片を受け戦死。丘陵西側の束辺名《つかへな》では与《よ》座《ざ》昭子（一高女三年）が爆風を受け即死した。丘陵の頂上付近では町田トシ（一高女四年）が砲撃により即死。そのほか多くの学徒も重軽傷を負った。

生き残ったひめゆり学徒たちは喜屋武《きゃん》・摩文仁の海岸にたどりついた。六月二〇日、摩文仁海岸から東へ向かった阿波根《あはごん》俊子《としこ》（師範本科一年）と仲里《なかざと》順子（師範本科一年）が、波にさらわれ亡くなった。二〇日の昼頃から火炎放射器や自動小銃による掃討戦が開始され、翌二一日には、荒崎《あらさき》海岸の岩陰に隠れていたひめゆり学徒たちのところに日本兵が逃げ込んだのをきっかけに、米軍による乱射攻撃を受け、三名が即死、三名が重傷を負った。その攻撃が原因で、近くにいた平良《たいら》松四郎《まつしろう》（教員）を含む、板良敷《いたらしき》良子《よしこ》・普天間《ふてんま》千代子《ちよこ》・宮城貞子《さだこ》・宮城登美子《とみこ》・金城《きんじょう》秀子《ひでこ》・座間味《ざまみ》静江《しずえ》・浜比嘉《はまひが》信子《のぶこ》ら八名の生徒と卒業生の瀬良《せら》垣《がき》えみ、二高女生の比嘉美津子《みつこ》が手榴弾で自決した。

ひめゆり学徒隊では一八日の解散命令以降、一〇〇名余りの教員と少女たちが犠牲となった。

なぜ六月一八日の解散命令か

六月一七日、第三二軍司令部は真栄里《まえざと》地域で戦闘を繰り広げていた部隊が全滅したとの報告を受け、悲痛な気持ちになったという（『戦史叢書　沖縄方面陸軍作戦』）。すでに米軍は摩文仁の断崖沿いにあった第三二軍司令部に迫っていたのである。

六月一八日、司令官牛島満は各部隊へ解散命令をだし「国頭突破」を指示したことで、一九日には司令部と各部隊との連絡網が断絶し、組織的な抵抗は事実上終わった（林博史『沖縄からの本土爆撃』）。解散命令後の男女学徒隊を含む戦況は前述したとおりで、多くの兵士や学徒らが犠牲となった。あわせて第三二軍司令部に配属された兵士の犠牲者をみてみよう。

二〇二一年一月、国立公文書館に第三二軍司令部の「留守名簿」が保存されていることが明るみになった。「留守名簿」には、兵士の部隊編入年月日や保護者（留守者）、各軍人・軍属らの生死などが記されている。それを確認した琉球新報記者は『戦死』と記された人は（一〇二九名中）六九二名に上った。このうち、四五年五月、首里から摩文仁に司令部を移した南部撤退後に死亡した人は六〇〇人。六月二〇日の死亡月日がピークで、県出身者の兵士や軍属らの死亡月日も二〇日前後に集中している」と記している（『琉球新報』二〇二一年一月四日）。「六月二〇日の死亡月日がピーク」は、解散命令「国頭突破」が背景にある。

なぜ司令官牛島満は、このタイミングで解散命令「国頭突破」を下したのだろうか。同一八日の昼過ぎ、米軍の地上部隊を指揮していた米第一〇軍司令官バックナー中将が日本軍の攻撃で戦死したことは前述した。解散命令はその時刻頃から夕方、部隊によっては翌日にかけ受理していた。司令部は、前日（一七日）の真栄里地域の戦況も把握していることから、バックナーの戦死もおそらく知っており、牛島満・長勇らは米軍による報復攻撃を予測していたと考えられる。にもかかわらず、牛島満は解散時に「最後迄敢闘《かんとう》し悠久《ゆうきゅう》の大義に生くべし」と下達したのである（林博史『沖縄からの本土爆撃』）。このタイミングでの解散命令「国頭突破」は、南部で生き残っていた全日本軍に対する斬り込み命令を意味し、怒り狂った米軍に疲れきった兵士や学徒らを正面から差しだす格好となったのである。

司令官牛島満は五月下旬、首里城地下壕にあった第三二軍司令部が壊滅状態に陥ったが、降伏することなく南部に撤退している。その動きから牛島満は最後まで「捨て石」となる持久戦を意識していたことがわかる。持久戦の最終結末は司令官牛島が米軍の捕虜となるか、殺されるか、もしくは自決することで決まる。だが、牛島満は一八日の解散命令で自決することはなく、五日後の六月二三日（二二日説もある）に自決しているので、解散命令後も持久戦を敢行しようと考えていたのだろう。解散命令「国頭突破」は持久戦を伸ばすための攻撃命令、つまり司令官牛島満らが一日でも長く存続するための解散命令だったのではないだろうか。

持久戦貫徹のための解散命令であったとすれば、その代償はあまりにも大きく、男女学徒隊は「捨て石」となる持久戦に最後まで巻き込まれていたのである。

第三中鉄血勤皇隊となごらん学徒隊―北部の戦場

沖縄戦において北部地域の作戦目標は「有力なる軍の一部を以て伊江島及本部半島を確保する」ことだった。その「有力なる軍の一部」とは、宇土《うど》武彦《たけひこ》大佐率いる独立混成第四四旅団の一部、第二歩兵隊のことであり、北部（やんばる）の住民は彼らを宇土部隊と呼んだ。後述する遊撃隊（護郷隊）も宇土部隊に組み込まれている。

宇土部隊のなかには配属される前から負傷していた日本兵もいた。沖縄戦前の一九四四年六月、鹿児島から沖縄へ向かうため、富山丸《とやままる》に乗船していた宇土武彦率いる兵士約四六〇〇名が米軍潜水艦に撃沈された。その生き残った約八四〇人が北部にやってきたのである。名護町内で宇土部隊を迎えた住民は「馬上姿の宇土大佐で、あとは徒歩の将兵で太刀と銃が半々で武装した部隊だった。頭や手などに包帯している兵もいて（中略）勇ましい部隊のイメージは消えて痛ましさを感じた」と回想している（『語りつぐ戦争 第一集』）。

宇土部隊が「確保する」地域範囲は、伊江島および沖縄島のほぼ五〇％近い面積である。しかも痛々しい兵士を含めた三〇〇〇人前後の兵員数から推測すると、第三二軍は宇土部隊をあまり重視していなかった感がある。宇土部隊は第三二軍の「捨て石」、つまり大本営からすれば「捨て石の捨て石」だったのであろう。

その部隊に三中鉄血勤皇隊・通信隊や一部の二中・農林・水産の学徒たちが配属され戦った。そして三高女から看護学徒隊として選抜された一〇名の少女たちは、八重岳奥深い山中で、負傷兵を看病していたのである。

〈三月下旬〉三月二三日、名護を含め、北部の各地でも米軍による空襲・艦砲射撃が始まった。名護の街が壊滅状態となるなか、一年生の一部を含む三中生らが伊豆味《いずみ》国民学校に集められ（三中避難壕前の説もある）、鉄血勤皇隊が編成された。そして宇土部隊へ入隊する者・護郷隊へ入隊する者、約一五〇名ずつに分けられ、宇土部隊へ入隊した三中鉄血勤皇隊は、八重岳本部陣地に近いタナンガ山に配置されている。また、すでに宇土部隊に配属されていた通信隊は、無線班・有線班・暗号班に分かれ、それぞれの陣地に潜んだ。

一方、八重岳本部陣地近くの陸軍病院名護分院に配属された第三高等女学校の一〇名は、米軍機にみつからないように茅葺き小屋の病棟の屋根を周辺の木々でカモフラージュし、これから始まる地上戦を待ち受けていた。

〈四月上旬〉四月七日、米軍は名護湾から上陸すると、読谷村から陸路を北上してきた部隊と合流し、本部半島を沖縄島から遮断するかのように北へ北へと向かった。そして第三中学校・第三高等女学校の校舎をはじめ各学校を占領した。その後、米軍は本部半島に潜伏していた宇土部隊を、陸海から取り囲むようにして八重岳をめざして詰め寄った。四月九日、伊豆味国民学校を米軍が占領したという情報に、三中鉄血勤皇隊は斬り込みを行おうとしたが、突然数十発の砲弾が撃ち込まれ失敗している（『名護市史 本編三・名護・やんばるの沖縄戦』）。

四月一二日になると、三中鉄血勤皇隊は解体され、新たに各部隊へバラバラに配属されていた。激しくなった鉄の暴風から逃れきれないと判断した比嘉幹郎《ひがみきお》（当時二年生、後の沖縄県副知事）は、手榴弾で自決を図ろうと信管の止め金を歯でくわえたところ、島《しま》繁勇（当時三年生）に止められたという（宮里松正《みやざとまつしょう》『三中学徒隊』）。四月一五日、通信隊無線班に斬り込み出動命令がでている。その翌日、砲弾が激しくなり一緒にいた座喜味《ざきみ》盛正（当時三年生）が吹き飛ばされ死亡した。同日、有線班の大城幸夫《ゆきお》（当時一五歳）が負傷し、野戦病院に運ばれた（同前書）。

八重岳の野戦病院に配属された上原米子《よねこ》（当時一八歳）は、「九日頃から負傷兵が続々と入ってきた」と述べた。上原は「夜になると負傷兵が運び込まれ、手足を切断する大手術も麻酔なしだった」「一〇日頃には、日が暮れると第一線の真部山《まぶやま》から傷兵がどんどん運ばれ」「（病棟に）入らないので川沿いの道にも寝かして……」と振り返った（同前書）。

〈四月下旬〉　四月一六日、八重岳・真部山からの撤退命令が下り、宇土武彦大佐をはじめ三〇〇名とも五〇〇名ともいわれる部隊が、護郷隊の潜む多野岳《たのだけ》をめざして歩きだした。野戦病院に入っていた重症患者・歩けない者は、看護婦からカンメンボー（乾麵麭）と手榴弾一個ずつを手渡されたという。それらを手渡された大城幸夫は、「置き去りという意味だった。僕は茫然として大泣きした」と述べ、後に上原米子は「大城さんには、私が手榴弾を渡したかも知れない」と筆者に話してくれた（二〇一二年の筆者の両者聴き取り）。大城幸夫は同級生の比嘉新平《ひがしんぺい》（当時三年生）に助けられ、撤退場所の多野岳へと向かっている。野戦病院を後にした上原米子は、多くの重症患者を置き去りにして撤退したことを今でも悔やんでいた。

三中鉄血勤皇隊は、多野岳にたどりつくことができず途中で家族のもとへ向かう者と、五日後の二一日頃に多野岳へ到着する者がいた。しかし、先にたどりついていた隊長宇土武彦が、さらに山奥へと撤退したことで三中鉄血勤皇隊は多野岳で解散となった。

また、なごらん学徒隊（三高女）の安里信子《あさとのぶこ》（当時四年生）は、一七日の朝四時頃まで負傷兵の手当てを行い、それから撤退したことで間にあわず、米軍の待ち伏せにあい機関銃で撃たれ死亡した（同前書）。なごらん学徒隊は宇土部隊の後を追い多野岳へ撤退する途中で散いつし、そのまま解散となっている。

宇土部隊の戦闘には農林鉄血勤皇隊二〇名余と二中鉄血勤皇隊一五名が加わっており、少年たちも多野岳にたどりついていた。農林鉄血勤皇隊の学徒たちは多野岳で配属将校尚《しょう》謙《けん》少尉らと合流したことで宇土部隊とともにさらに山奥へと向かった。農林隊は東村《ひがし》の内福地《うちふくじ》で米軍と遭遇、激しく交戦したことで尚謙少尉と農林鉄血勤皇隊の少年学徒たち九名が戦死した（同前書）。他方、二中鉄血勤皇隊の学徒らは単独行動をとり、三名が戦死している。

宇土部隊のなかには一、二名の開南中の学徒もいたことが、元農林学徒の証言で判明しているが、詳細は不明である。

また米軍上陸後の四月五日、一五名の水産鉄血勤皇隊が教頭の新崎《あらさき》寛緯と親川《おやかわ》光繁教員に引率され、恩納岳《おんなだけ》の第二護郷隊（第四遊撃隊）の戦争に加わり、戦闘中に教頭新崎寛緯、学徒の金城邦岡が戦死している（伊志嶺賢二『沖縄戦報道記録 付・学徒従軍記』）。恩納村安《あ》富祖《ふそ》区に建立された第二護郷隊の碑には、二人の名前が刻まれている。

残った学徒らは第二護郷隊とともに東村まで撤退し、その後解散となったことで地の利を知らない山中をさまよい、数名（九名か）の学徒が亡くなった。水産鉄血勤皇隊の場合、まだ不明の部分が多い。

宮古島と八重山諸島の学徒たち——飢餓とマラリア

宮古島・八重山諸島では米軍が上陸することはなかったが、宮古島には三つの軍飛行場建設のために中学・高等女学校や国民学校高等科の子どもたちが動員され、八重山諸島の石垣島でも、旧飛行場の拡張と新飛行場建設のために宮古島同様に国民学校の子どもまで動員されていた。十・十空襲以降、両島では米英軍の空襲があった翌日には、住民あげて改修するといういたちごっこの飛行場建設が行われている（『沖縄県史　各論編六・沖縄戦』）。

また、宮古島では三万人という第二八師団の兵士が入ってきたことで、食糧不足となり住民も含め飢餓状態に陥った。宮古島の戦没者二五六九名のうち九〇％近くが栄養失調とマラリアが原因だったという（同前書）。その部隊のなかに、宮古中学校の一～三年生までの生徒が宮古鉄血勤皇隊として編成され、宮古高等女学校の三・四年生の生徒たちは野戦病院に配属されていた。

石垣島では四五年三月に県立八重山農学校・県立八重山中学校で鉄血勤皇隊が編成され、沖縄島と同様に通信訓練や戦車へ体当たりするという肉弾戦訓練が行われている（同前書)。また、八重山高等女学校の四年生約六〇名が約三〇名ずつ二班に分けられ、船浮《ふなうき》陸軍病院(西表《いりおもて》島)・第二八師団第三野戦病院にそれぞれ配属された。

宮古高女では、卒業したばかりの二人が軍病院に配属されていたが、空襲で重傷を負い、うち垣花美恵子《かきのはなみえこ》(年齢不明)が戦争後遺症で亡くなった。そして八重山高女では、崎山《さきやま》八重子《やえこ》(年齢不明)がマラリアに罹り亡くなった。

やんばるの少年兵・護郷隊

護郷隊の目的

一九四四年一〇月二三日、七〇〇〜八〇〇名の青年学校に通っていた少年たちが名護国民学校へ集められ遊撃隊が編成された。彼らの名を護郷隊と呼ぶ。鉄血勤皇隊より半年も早い召集である。名護国民学校召集以降、随時召集された少年たちは総数約一〇〇〇名となり、戦死者は成年を含め一六〇名となっている。なお先にもふれたが、青年学校とは、当時中学校や高等女学校は義務教育ではなかったため、国民学校を卒業した子どもたちが主に軍事教練のために通った学校のことである。多くの子どもたちは家業を手伝いながら青年学校に通っていた。

前述したように、当時、大本営は第三二軍に、捨て石になってでも持久戦を行うことを下令していた。大本営は、第三二軍が壊滅した後の戦略として、米軍が沖縄を要塞化し日本本土決戦のための拠点となることを想定し、その米軍基地を遊撃戦によって破壊、もしくは機能を停滞させる目的で遊撃部隊を編成したのである。

護郷隊を編成したのは、陸軍中野《なかの》学校出身の村上治夫《はるお》中尉（後の大尉）らであった。陸軍中野学校とは諜報・防諜・謀略・宣伝など、特殊任務要員を養成する大本営陸軍部（のち参謀本部）直轄の秘密戦要員養成機関のことである。村上は一九四四年九月九日、中野学校卒業と同時に沖縄行きを命令され、九月一三日に沖縄に到着すると、その足で第三二軍司令部へ向かった。村上は牛島満中将・長勇参謀長へ着任のあいさつを行うと同時に、第三二軍壊滅後も遊撃戦を行うという主旨を伝えている。その時村上は、長勇参謀長に「沖縄が玉砕した後も生き残り、遊撃戦を続けろ」といわれたという。

大本営は、第三二軍の戦況を直接知るために、遊撃部隊以外にも陸軍中野学校出身者らで構成した陸軍部特殊勤務部隊を潜入させていた。その部隊をあわせると中野学校出身者は総数四二名となる。陸軍部特殊勤務部隊の役割は一日四回、主に沖縄の戦況を大本営に伝えることだった。大本営は第三二軍の戦況を常に把握することで、最終決戦となる日本本土決戦に向け準備を進めていたのである。

護郷隊については、拙著『陸軍中野学校と沖縄戦—知られざる少年兵護郷隊—』（吉川弘文館、二〇一八年）に詳細を記しているので一読を願い、本項での参考資料の提示は割愛させていただく。

護郷隊は、正式名称を第三遊撃隊・第四遊撃隊と称し、少年たちに「故郷は自らの手で護る」ことを意識づけるため、それぞれ第一護郷隊・第二護郷隊と呼んだ。

護郷隊の召集

護郷隊の召集は一九四四年一〇月二三日の第一次召集を端緒に、第二次（一二月一〇日）・第三次（翌年の二月一〇日）・第二護郷隊第二次召集（三月一日）と随時行われている。第一次の対象年齢は満一七歳以上だが、なかには東村出身の玉那覇有義《たまなはゆうぎ》など一六歳で第一次召集された少年もいる。おそらく地元の兵事主任が、軍から要望された人数を揃えるため、数え年齢一七歳も召集対象者として軍へ名簿を提供していたと考えられる。また第二次・第三次・第二護郷隊第二次召集になると年齢は引き下がり、一五・一六歳が召集されていくが、彼らの多くは志願して護郷隊に入った覚えはないという。

第三次召集の座喜味盛善《ざきみせいぜん》（当時一六歳）は「赤紙が来た覚えはなく強制だった。青年学校に集まって村上中尉の訓示があってね、上から押さえつける感じだった」と述べ、親川《おやかわ》一夫《かずお》（当時一六歳）は「村上治夫が青年学校に来ました。私たちは集められて、『護郷隊がいやな者は前に出て来い』と言われ、誰も出るわけがない。『よし、立派』ということで身体検査がはじまった」と振り返る。また、新里幸貞《しんざとゆきさだ》（当時一五歳）は「青年学校に村上治夫が来て、中学校の校長先生と二人で徴兵検査があった」「身長は三八式の鉄砲の長さ以上、一〇キログラムの荷物を持てれば合格だった」と、形ばかりの検査を振り返った。それは第二護郷隊の第二次召集も同様であった。金城幸昭《きんじょうゆきあき》（当時一六歳）は「同じ（東村）川田《かわた》出身の先輩である池原貞夫《いけはらさだお》・比嘉貞男《ひがさだお》の二人が青年学校にきて、全員が横列に並ばされた。そして列の間に手を差し込み『はい、ここから先を連れていく。残った者は後から連れに来る』といって召集された」と回顧する。沖縄戦が決定的になると、少年たちは否応なく強制的に志願という形で召集されたのである。

護郷隊の訓練

護郷隊は、通常の射撃・行軍訓練以外に遊撃戦を想定した訓練を行っていた。特に重視されていたのが、爆薬を持っての体当たり訓練や橋梁爆破訓練などである。

東恩《ひがしおん》納《な》寛文《かんぶん》（当時一七歳）は「訓練は夜間の襲撃、一番多かったのは爆薬持って体当たりして自爆する訓練。黄色弾という爆弾を三〜五キログラムあるのをお腹に巻いて敵陣にぶつかるという訓練。ひどかったよ。昼も夜も訓練だけ。米軍陣地に夜襲するために敵陣に向かって忍びの訓練するわけさ」と述べる。それ以外にも、正面に障害物や崖があっても真っ直ぐに進まなければいけない直進訓練、真夜中に突然起こされて行軍する暁天《ぎょうてん》訓練、軍靴に藁を巻いて音を立てずに歩く訓練、実際に暗闇のなかで二グループに分かれ、相手を敵軍とみなし戦う訓練などであった。比嘉文雄《ふみお》（当時一七歳）は「自殺の訓練もしたよ。靴ぬいで、足の親指を引き金にあてて、銃口を口にくわえて親指で弾くようにね、そうすれば楽に死ねるとね」と振り返った。

訓練は一人でも失敗、もしくは遅れたりすると連帯責任として全員が殴られたり、少年兵同士で殴り合いをさせられたという。玉那覇有義（当時一六歳）は「もう、どうなっているのか……。毎日の殴り合いで、どうでもいいと思えてきた。自分が死んでも構わないと……」と語った。玉里勝三《たまざとかつぞう》（当時一六歳）は「訓練でいじめられた隊員のなかで、米軍との戦闘時に、まずは分隊長を殺してから……という人もいた」と振り返った。暴力づくめの軍事訓練は少年らを、自分が死ぬこと、相手を殺すことが怖くない兵士へと仕立て上げたのである。

少年らは軍事訓練以外にも陣地構築、第三二軍壊滅後も戦い続けるための食糧備蓄なども行っていた。特に海辺の集落から奥深い山中への食糧運搬は、誰しもよく覚えており、六〇瓩《キロ》の俵を二人で担いで運び込んだという。大城数雄《かずお》（当時一六歳）は「あまりにも重いので、俵に竹串を刺して、米をこぼしながら担いでいった。どうせ、数さえ合わせればいいのだから」と筆者に語ってくれた。

第一護郷隊の戦場

第一護郷隊の陣地は、多野岳に本部陣地を構え、名護市街地の背にあたる名護岳までを守備範囲とし、ほかに名護岳の南に位置する久《く》志岳《しだけ》、本部半島宇土部隊の本部陣地北側に当たるタナンガ山（三〇二高地）に潜伏した。また第二護郷隊は、沖縄島の中部に近い恩納岳に潜伏している。

もともと北部（やんばる）の少年たちを召集した理由は、遊撃戦を有利に行うため地の利を知る少年たちが必要だったことである。しかし、第三二軍のたび重なる再編成により、久志村（現名護市）の少年たちは本部半島にあるタナンガ山へ、北部三村（国頭村・東村・大宜味村《おおぎみ》）の少年たちは沖縄島中部に近い恩納岳に配置された。彼らはまったく地の利を知らない山中で遊撃戦を行うことになったのである。大宜味村出身の瑞慶山良光《ずけやまりようこう》（当時一六歳）は「夜間、米軍陣地に偵察に行き、ひとりで戻れと命令された。ひとりでは戻り切れないと分隊長に申し入れたところ思いっきり殴られ、『これで道がわかっただろう』と言われた」と述べている。

四月九日、第一護郷隊多野岳陣地で本格的な戦闘が始まり、少年兵の久場川《くばがわ》徳源・宮城文雄《ふみお》・平良文明と、分隊長志伊良《しいら》正善が戦死した。分隊長志伊良が亡くなった様子は宮城正信が覚えており、宮城は「大城清雄君が一発射った。そして私に『正信君、交替して射とう』と言って小銃を渡してくれたので私も一発射った。ところが敵弾は雨、霧の如く周辺の竹藪の上にプスプスと不気味な音を立てて射ち込んでくる。志伊良上等兵殿は『一発の弾を無駄にしないよう、百発百中の精神で射て』と指示してくれる。然し其の余りにも敵弾が烈しく（中略）志伊良上等兵殿が名誉の戦死を遂げたことが分かり……」と振り返る。少年兵たちは小銃が二人で一丁という状況で米軍と戦闘を繰り広げていたのである。

　地の利を知らないタナンガ山に潜伏した久志村出身の少年兵たちは、木下忠正少尉（陸軍中野学校出身）率いる第三中隊に配属された。タナンガ山では一時間ほどの戦闘で一七名の犠牲者をだしている。その後、宇土部隊のいる真部山まで撤退した第三中隊は、そのまま宇土部隊に編成され、その最前線に立たされた。松田久昌（当時一九歳）は「兵器は七名に四つしか鉄砲がないにも関わらず」「今考えると僕らは（米軍の）標的にさせられたとしか思えなかった」と振り返る。元少年兵の証言を紐解くと、彼らは遊撃戦どころではなく常に米軍と正面から対峙させられ、米軍の標的となっていたことがわかる。比嘉文雄（当時一七歳）は「木下少尉は血気盛んな若者だった」と述べ、「血気盛んな若者」の陣頭指揮での戦死者は三五名。第一護郷隊全体九一名の三八％にあたる。

　激しく攻撃を受けていたのは久志岳も同じだった。久志岳では本部町出身の仲宗根《なかそね》善一《ぜんいち》（少年兵）が胸から首にかけて銃弾が貫通する重傷を負った。衛生兵だった仲地《なかち》良松《りょうしょう》（当時一七歳）は、「喉から脇の下へ弾が貫通していた。何とか血を止め、それから鉄砲にくくって、二人で惣慶山《そけいやま》まで逃げて行き、隠した」と回想する。戦後仲地は、仲宗根善一から感謝を込めた手造りの簞笥《たんす》が送られて来たという。

少年兵らが命がけで負傷した隊員を助ける一方、同郷の少年が幼なじみに射殺される事件が起こった。当時一六歳だった屋比久松雄《やびくまつお》は、分隊長の集合命令に遅れをとり（おそらく一日から二日）スパイ容疑をかけられた。分隊長は幼なじみで同じ班員のメンバー三、四名に、屋比久の手を縛り目隠しを命令した。そして山奥に連行した屋比久をタンガマー（炭焼き小屋）の上に立たせ、幼なじみのメンバーが銃口を屋比久にあて、分隊長の「撃て」の命令で射殺したという。誰の弾が当たったかはわからないが、撃ってしまった少年たちは、戦後も屋比久松雄の遺族とともに同じ郷里で暮らしている。彼らの心中は計り知れない。

第二護郷隊の戦場

第二護郷隊の潜伏範囲は恩納岳を本拠地に、日本軍の北飛行場（読谷飛行場）近辺まで拡がっていた。北部三村の少年たちは、地の利を知らない場所に潜伏したことで、大宜味村・東村出身の少年兵それぞれ二四名が犠牲となっている。

第二護郷隊は、恩納村・石川地区から以北地域の橋梁爆破を行っていた。金城光栄《こうえい》（当時一七歳）は「石川橋《いしかわばし》は僕らがやった。やり方も全部訓練しました。箱の作りかた、爆薬の詰め方、これを山の中でやって、夜に一〇キログラムの爆薬の入った箱を背負って忍び込んで、橋や飛行場や兵舎を破壊しに行きました」と振り返る。金城幸昭（当時一六歳）も「東側の漢那《かんな》、伊芸《いげい》の橋も全て壊した。しかし、伊芸は米軍がブルドーザーですぐ両端から埋め立てて、すぐに車が通っている。全然効果ないなと思っていた。それで今度は道路沿いにあった松並木を爆薬で倒した。これも米軍の進攻を防ぐ作戦だった。でも、一番困ったのは中南部からの避難民ですよ。せっかく馬車で逃げて来ているのに、橋を渡れず馬車を置いて行くしかない。結局は避難民を苦しめたわけです」と振り返った。

米軍が金武村を占領し、飛行場を建設（現キャンプ・ハンセンの初期）していた頃、少年兵たちは米軍の宿舎や燃料保管地などを爆破した。米軍は、その報復として恩納岳を強襲、その攻撃は五月二四日から六月二日未明の護郷隊撤退まで続き、多くの少年兵たちは野戦病院へ担ぎこまれ、自決を強要されている。看護にあたっていた比嘉参栄《さんえい》（少年兵）は「病院内は患者のうめき声や、水を求めてわめく者もいる。中には気が狂ってわけの解らない、うわ言を叫ぶ者もいる」「何と残酷な戦争の悲劇だろう。担架で運ばれて中隊本部に着いたのが一二時頃か、側の担架の上には、数日前に迫撃砲弾で、両足に重傷を負うた友人が寝かされている」と振り返る。両足に重傷を負った少年兵は、米軍が恩納岳に上がってきたことで、持っていた手榴弾で自決したという。

また、軍医に射殺された少年兵もいた。射殺を目撃した仲泊栄吉《なかどまりえいきち》（当時一六歳）は次のように語った。

僕は見たよ。歩けない人は軍医が殺した。同じ東村出身の高江洲義英《たかえすぎえい》（当時一七歳）、彼は拳銃で殺られたんだ。高江洲義英は元気だったが頭がおかしくなっていたからじゃないかな。土手に座らせて毛布をかぶせらせて、（軍医が）拳銃で撃った。しかし、一回では当たらず、毛布を外すと、義英は「あっはっはっ」と笑っていた。そして二回目に撃ったら当たった。

少年兵たちの離脱と解散

第一護郷隊の少年兵たちは、激しい戦闘のさなか徐々に離脱していた。村上治夫は「隊員脱落の大きな原因は家族が近くに居たことで、親兄弟が目の前に居ては戦闘ができないものである」と述べており、隊員の離脱状況は「当初の多野岳陣地の人数四月一日七〇〇名が、五月一日頃になると三分の一脱落、そして七月一日頃、当初の三分の一に減少、八月十五日は八名に減少した」と述べている。

第一護郷隊の副官だった照屋規吉《てるやききち》は、「六月二三日の司令官の自決は無線で知っていた」「その玉砕を知った上で大本営からは『全滅してもあと一年、後方かく乱せよ』との命令を受けていた」と述べている。北部（やんばる）の山深い場所に潜伏していた護郷隊にも第三二軍の最後の戦況は伝わっていたのである。

照屋は、「村上治夫は第三二軍司令官牛島満の自決を聞いて、七月一日をもって米軍への斬り込みを決断した」と述べている。しかし、照屋を含む瀬良垣繁春《せらがきしげはる》小隊長や他の分隊長らが「それは護郷隊の任務ではないはず、いま死んでは元も子もない、やめましょう」と説得したことで、取り止めになったという。そして七月七日、村上の「隊本部並に各中隊の一部は指揮連絡の中枢となる為山中に残留潜伏、地元出身隊員は各出身町村に帰り秘密遊撃戦の基板を作るへし」という命令で、陸軍中野学校出身者は山中へ潜伏、護郷隊員らは次の遊撃戦に備えるために故郷へ帰った。

村上治夫は回顧録のなかで「目標を設定して偵察をし、攻撃資材の整備を進めている時、八月十五日突如として終戦の詔勅を聞き部隊を解散した」と記している。護郷隊員らは二度と召集されることはなかった。

六月二日、第二護郷隊を率いる隊長岩波寿《いわなみひさし》は、恩納岳から護郷隊員の故郷である沖縄島最北に近い山中をめざして撤退を始めていた。隊員の金城蒲六《かまろく》（当時一六歳）は「有銘《あるめ》にたどり着いたときには、三百人余りいた」、大城弘吉《ひろきち》（当時一五歳）は「五百人前後いたと思う」と振り返る。そして分隊長だった宮城萬元《まんげん》は「岩波隊長に自分の家に帰って待機しなさいと言われた覚えがある。また召集があるかもしれない。そういう風な訓辞だったよ。軍隊手帳とかも全部有銘の山中に埋めて、私服になって……」と述べた。

有銘の山中に、その後も潜んでいた岩波寿・畑友幸迪・松崎正行、三人の陸軍中野学校出身者は、米軍の住民を介したたび重なる下山勧告により一〇月二日に下山。三人は屋嘉《やか》捕虜収容所へ連行された。

また、第一護郷隊を率いる隊長村上治夫は、一九四六年一月五日に下山している。沖縄戦で最後に捕虜となった日本兵であろう。

防衛隊・義勇隊・挺身隊などに編成された少年少女

沖縄では防衛隊・義勇隊・挺身隊という名のもと、住民が次々と召集された。全員ではないが、そのなかに多くの少年少女、あるいは国民学校に通っていた子どもたちもいた。

防衛隊

沖縄戦が近づく一九四四年一〇月～翌年三月にかけ、前述した陸軍防衛召集規則により防衛隊という名のもと、各地で男子（成人含む）が召集された。北部では二月頃、部隊の下士官がやってきて、「人員が一名でも不足しては許されぬとの厳命で、当日は病人、不具者も指定の場所に出頭」させられ、そのなかには「癩《らい》患者あり、病人あり、不具者ありであった」とし、不具者・癩患者は帰されたが、「ちん跛《ば》、病人は一応連行するとの事でそのまま出発」したという（陸上自衛隊幹部学校『沖縄作戦における沖縄島民の行動に関する史実資料』)。また恩納村仲泊国民学校では二〇〇名が召集されたが、そのうちの約三〇名の不適格者がでたことで、一九二八年生（一七歳か）の三〇名が集められ、そのなかには「相当数の一七歳未満の者が含まれていた」（同前史料）。そして米軍が上陸し、南部へ追い詰められていくなか、日本軍は鍾乳洞や人口壕などに避難していた男子に対し、防衛召集を行っていた。

米軍が上陸し、宜野湾から浦添にかけ戦闘が繰り広げられていた四月上旬、南部の兼《かね》城《ぐすく》村では「米軍が沖縄に上陸してきたので島尻は最後の決戦場となる」「郷土の人たちは地勢の状況に詳しいので遊撃戦に適しているので防衛召集の必要がある」と訓示を受け、三月の防衛召集に漏れた年齢一六歳以上五二歳までの名簿を二部作成し、一部を軍へ、もう一部を村民が避難中に帰村した場合、召集するため村で保管することが指示された

図5　米兵に尋問される少年（場所・日付不明，沖縄県公文書館所蔵）

という（沖縄県公文書館所蔵「昭和二十年四月以降における防衛召集事実資料」）。

また、南部の海岸近くにある真壁《まかべ》村・摩文仁村・喜屋武村では四月一八・二〇日の二日間で約八〇名が召集されており、その対象者は満一六歳より満五〇歳までの青壮年者だった。軍から指示された各村役場の吏員らが村々の壕（鍾乳洞含む）をまわり、中にいた男子を対象に召集したという。なかには病気の者もいたが、一度は入隊場所まで行かねばならないといわれて入隊した者もいたという（同前史料）。

第三二軍司令部が新たに陣どった摩文仁村隣りの具志頭村では、五月上旬にも防衛召集が行われている。村では事前に軍医が当時の村長・各区長らとともに壕をまわり、防衛召集できる者を調査、名簿をつくり軍へ提出していた。その後、軍から派遣された下士官と村役場吏員が、再び壕をまわり口頭で入隊を命じている。五月一六日に約二〇名、五月一八日に約一〇〇名が召集された（同前史料）。

戦後、厚生省は調査のなかで「これは部隊ごとに町□（既読不明）に召集人員を命令し、とにかく役に立つ者をとれ、と言われ部隊等からの要求があった為である」と述べている。（沖縄県公文書館所蔵「沖縄出張に関する報告　自昭和三十年七月五日　至昭和三十年八月十五日」）。南部では米軍上陸後も根こそぎ動員していたのである。

琉球政府社会援護課調査係がまとめた「防衛概況一覧表」によると、防衛召集規則によって召集された人々は、沖縄島および渡嘉敷《とかしき》・座間味島をあわせ二万二二二二人だが、宮古・八重山諸島などが含まれていないため、さらに多かったと考えられる（『沖縄県史　各論編六・沖縄戦』）。「援護法」に関連する調査を行った厚生事務官馬淵新治《まぶちしんじ》は「全作戦期間を通じて約二万二千名に近い防召兵の内から約六割に相当する約一万三千名の戦死者を出している」と述べており（陸上自衛隊幹部学校『沖縄作戦における沖縄島民の行動に関する史実資料』）、そのなかでどれぐらいの数の少年たちが亡くなったのだろうか。

義勇隊・挺身隊・救護班・炊事班

義勇隊・挺身隊とは、住民が自発的に編成する部隊のことだが、そのほとんどは村に駐留していた軍、あるいは村の有力者らの強制で、村に残された男子（成年含む）を中心に結成されている。また、北部疎開を許されずに村々に残った少女たちも、同じように最寄りの部隊へ救護班、あるいは炊事班として動員された。

義勇隊結成については、沖縄県平和祈念資料館に所蔵された『参考資料』のなかに「戦場下に於ける沖縄教職員の活動状況」と記された資料があり、首脳会議という名目で村長、教育関係者らが話し合っていた。内容は次の通り。

首脳会議（島尻《しまじり》郡　首里市　那覇市）昭和二十年三月十六日　於楚辺《そべ》国民学校

校長、村長、県永山（寛）視学、中山（興信）視学

一　食糧の確保

（中略）

二　義勇隊の訓練

（イ）一人十殺　一戦車　一億皆戦士

（ロ）常時活動は義勇隊本部よりの命令系統で動く

戦後の厚生省の調査では「各地で少年義勇隊を編成し軍に協力させた事例がある（伊江村・玉城村《たまぐすく》）」とも記されており（沖縄県平和祈念資料館所蔵『参考資料』）、対象年齢からみると、前述した防衛隊と義勇隊が混在した状態になっている感はあるが、義勇隊結成についても深く学校が関与していた。伊江島で起きた少年兵義勇隊の事例をみてみよう。

伊江島の少年兵

沖縄戦の縮図ともいわれるほどの激しい戦闘が行われた伊江島では、少年たちで義勇隊が結成されていた。山城修《おさむ》（当時一八歳）は、伊江島の戦闘で姉の正子《まさこ》（当時二二歳）を失っており、その時の様子を同級生らから聞いていた。姉は斬り込み隊としてサンザタ壕にいたという。

日本軍の兵長が「もうこの壕は危ないから避難しなさい」と言われ、その言葉に従い、避難すべく壕の入口近くまで縦列（筒状のトンネル構造）になって歩いているところに壕の上から『アリー（ほら）敵だ！』と叫んだ少年兵（当時一八歳）が壕の入口に向かって手榴弾を投げつけた。手榴弾は先頭を歩いている姉の目の前で爆発した。（中略）この少年兵は、姉と行動を共にした他の二人と同様に私の同級生であった。時が過ぎるとともに、当事者たちがこの忌まわしいできごとを口にして恨みごとを言うのはやめたいと、この体験談を口にすることがなくなった。この少年兵に殺された人は十数人に上るという。この元少年兵も戦後しばらくは元気であったが、数年前に病死した。（『名護市史　本編三・名護・やんばるの沖縄戦』）

伊江島では、女子救護班も組織されていた。古堅保子《ふるげんやすこ》（当時一七歳）と山城竹（当時一八歳か）は「一七歳から二四歳までの未婚の女子青年に集合命令が出たので」「一六〇人が編成された」。「四月二〇日の総攻撃の時傷病兵には石油をまいて火をつけたので皆死んだ。救護班にも手榴弾二ケ与えられた」と述べている。その後、救護班は斬り込みを行う予定だったが、逆に米軍から集中攻撃を受け壊滅状態に陥ったという。女子救護班に編成された一六〇名中九名だけが生き残ったという（伊江村教育委員会『伊江島の戦中・戦後体験記録』）。

看護班・炊事班となった少女

沖縄島南部の具志頭村では、米軍上陸前の三月二〇日頃、最寄りの部隊から区長を通じた口頭伝達で七名の婦女子が炊事班として動員されており、當山初子《とうやまはつこ》（当時一六歳）は仲栄眞《なかえま》部落にいた美田《みた》部隊・野崎《のざき》大隊の松村《まつむら》中隊に炊事婦として入隊した。

當山は五月二四日頃、本隊の半数以上が戦死したことを知り、摩文仁へ傷病兵を連れ撤退、現在の「健児の塔」隣りの壕に入ったが六月一二日午前一〇時頃、「私達救護婦の壕の入口に砲弾が落下その破片と爆風によって」「五名は即死、同壕内の奥左曲り側に居た私は全身爆傷（小さい砂利が露出部前面の皮膚に喰い込んでいた）を受けた」と述べる。そして「野崎隊には救護婦として在隊したものは約三〇名もいたと思うが二〇名以上は戦死、生存者は約一〇名位と思われる」と振り返った。（沖縄県公文書館所蔵『第一七号第二種軍属に関する書類』）。

また、中部地区の中城《なかぐすく》村登又《のぼりまた》では三月二七日、清水主計中尉から「命に背く者は鉄砲で撃つ」といわれ女子青年団一二人が入隊、うち五人が戦死したという（同前史料）。

波照間島の挺身隊

日本最南端の波照間《はてるま》島では、陸軍中野学校出身者の離島残置諜者酒《さか》井喜代輔《いきよすけ》（偽名山下虎雄《やましたとらお》）が、国民学校教員として潜伏し、波照間島の住民をマラリアが蔓延する西表島南風見田《はえみだ》地区に強制的に疎開させていた。その影響で、戦時中から終戦直後にかけ波照間島住民の三四%が死亡した。死者五九三名中五五二名がマラリアでの死亡だったという（『竹富町史　第一二巻・資料編・戦争体験記録』）。「戦争マラリア」といわれる所以《ゆえん》である。

酒井は、南風見田地区で波照間島の子どもたちを集め挺身隊を組織していた。その挺身隊の一人、高等科二年生の冨底宏佑《ふそこうゆう》（当時一四歳か）は、酒井の手下であった教員に殴殺されている（拙著『陸軍中野学校と沖縄戦』）。

当時の波照間国民学校長の識名信升《しんしょう》が、マラリアで住民が亡くなっていく様相を、「この忌まわしい事実を思い出したくない。しかし忘れてはいけない」という思いで、波打ち際に敷かれた石に「忘勿石《わすれないし》　ハテルマ　シキナ」と刻み込んだ（宮良作『日本軍と戦争マラリア』）。戦後、その刻まれた石を発見した波照間島住民らが、その石を保存し後世に伝えようと、その横に「忘勿石之碑」を建立、亡くなった波照間島住民の名前を刻んだ。そのなかに冨底宏佑の名前も刻まれている。

本土決戦に備えた「義勇兵役法」

大本営は本土決戦を「決号作戦」と位置づけ、沖縄へ米軍が上陸してから八日後の四月八日、「決号作戦準備要綱」を下令した。そして六月九日、沖縄で軍司令官牛島満中将らが南部へ追い込まれ第三二軍の壊滅が近づいた頃、国会内では「義勇兵役法案」が話し合われていた。法案を提案した陸軍少将那須義雄《なすよしお》は、「即ち一億をして真に皆兵に徹し、其の総力を結集して敵撃滅に邁進」させる。そのためには国民を「憲法に基く兵役に服せしめ」「天皇御親率の軍隊に編入し、帝国軍人たるの栄誉と責務の下」武器をとり、あるいは「作戦軍の後方業務、其の他総動員業務等に挺身せしめ」と述べている（「第八七回帝国議会衆議院　義勇兵役法案外一件委員会議録（速記）一回」一九四五年六月九日付）。

そして六月二三日、第三二軍牛島満中将・長勇参謀長が自決し実質的に持久戦が終わった日に、日本政府は全国民に対し「法律第三十九号　義勇兵役法」を官報で通達した。義勇兵役法は「国民義勇隊組織ニ関スル件」を基盤に「法律第三十九号」（第九条まで）「法律第四十号」（第一〇条まで）で成り立っている。義勇兵役法第二条では男子は年齢一五歳に達する年の一月一日より六〇歳の年に達する一二月三一日までの者、女子は年齢一七歳に達する年の一月一日から四〇歳に達する年の一二月三一日までの者と、より幅広い年齢層の国民が対象者となっている。また、第三条では義勇兵に「志願する者は勅令の定める所に依り之を義勇兵に採用することを得」とあり、つまり年齢一五歳以下でも志願できる内容となっている。さらに第七条では「義勇召集を免るる為逃亡し、若《もしく》は潜匿《せんとく》し（かくれたり）、又は身体を毀傷《きしょう》し（きずつけ）、若は疾病《しっぺい》（病気）を作為し、其の他、詐偽の行為を為したる者は二年以下の懲役に処す」と刑罰が記されている。

沖縄戦で少年少女たちに志願を強要したように、本土決戦に向けて全国の少年少女、子どもたちを無理やり召集する法律をすでに国会で成立させていたのである。

すべては「国体護持」のために。

戦場で生き残った子ども

学童疎開の子ども

「艦砲ぬ喰ぇーぬくさー」

なぜ、子どもたちは地上戦に巻き込まれたのだろうか。それは日米両軍の作戦計画が大きな影響を及ぼしているが、そもそも日本政府・大本営の計画には「住民を保護する」という考えはなく、「国体護持」のために戦争で勝利するには子どもでも召集・動員するという考えだったことは、これまでみてきたとおりである。

従って戦力となる少年少女たちは召集される一方で、戦力にならない子どもたちは戦争の足手まといとなった。それは戦場でさまよう一般住民も、同じように子どもの存在を嫌がった。戦場に放りだされた子どもは、それを目の当たりにし、もしくは体験した。

戦争体験者の記憶は男女間で違い、幼少期・少年期で、それぞれが体験した地域でも大きな違いがあった。また、「となりの人が爆風で飛ばされた」という証言を聞くことも多々あり、彼らは「たまたま生き残った」と語る。

沖縄の民謡に「艦砲《かんぽう》ぬ《の》喰《く》ぇー《い》ぬ《の》くさー《こし》」（作詞・作曲 比嘉恒敏《ひがこうびん》）という唄がある。沖縄戦で家族らを失い、悔しみや悲しみを「あなたも わたしも おまえも おれも 艦砲の喰い残し」と、生き残った人々を揶揄《やゆ》するようにリズミカルな曲にのせ、最後は「誰《たあー》が あの様《ざま》 強《し》いいんじゃちゃら（誰が、あの様なことを強いたのか）恨《うら》でん悔《くや》でん 飽きじゃらん（恨んでも悔やんでも飽き足らない）子孫末代《しすんまちでえ》 遺言《いぐん》さな（子孫代々語り伝えよう）」と唄うこの民謡は、多くの戦争体験者が共感する。それは傍らで無惨にも死んでいく家族や友人を目の当たりにし、自分だけ「生き残ってしまった」という罪悪感と悔しみがあるからだという。

以下では、その生き残った子どもたちの証言から当時の状況を振り返ってみたい。

学童疎開と対馬丸の撃沈

「とつぜんドカーンと無気味な音とともに目がさめた時には、船が大きくゆれ、かたむきかけた船べりからは、海水がどんどん入り込んでいた」「周囲で、『先生ー、助けてー！』『お母さーん！ 助けてー！』（中略）などと、わめき散らす大声に、私は、一大事をさっし、恐ろしくなった」。当時九歳で学童疎開船対馬丸《つしままる》に乗り、撃沈を体験した平良啓子《たいらけいこ》の証言である。啓子は「いとこの時《とき》子《こ》、姉の常子《つねこ》が波にのまれた」「イカダに乗ることができたが、そこは食糧争いだった」と振り返る（平良啓子『海なりのレクイエム』および二〇一七年の大宜味《おおぎみ》村大兼久《おおがねく》公民館の講話）。その日は一九四四年八月二二日午後一〇時一二分のことだった。

沖縄では地上戦に備えるため、住民の県外疎開が進められていた。疎開は家族・親戚・地縁者らで行う人たちを「一般疎開」と呼び、学校単位で教員が子どもたちを引率して疎開することを「学童疎開」と呼んだ。対馬丸は学童疎開船として一般疎開者も乗船しており、船員や兵士も含む乗員一七八八名（推測）、一四八四名が亡くなった。そのうち、〇〜一五歳までの子どもは一般疎開の子どもを含め一〇四〇名となり、犠牲者の約七〇％を占める（二〇一九年八月二二日現在、対馬丸記念会館公式発表）。

後述するが、そのなかに後に登場する御真影奉護隊副隊長の新里清篤《しんざとせいとく》の家族も含まれている。当時、新里は国民学校の教頭職ということもあり、なかなか進まない学童疎開計画を率先して地域の人々に促すため、兄の七名の家族とともに義母と妻、三人の子どもを対馬丸に乗船させていた。戦後、新里は対馬丸遭難者遺族会会長として奔走する。

一般疎開者として母と三姉妹の四人が対馬丸に乗船していた金城園子《きんじょうそのこ》（当時一二歳）と安江《やすえ》（当時一四歳）は、四人が帰らぬ人となり、米軍上陸前に戦争孤児となった（『琉球新報』二〇一七年八月二二日）。二人は、あとから本土へ向かう予定だったという。

一九四四年七月上旬、日本政府・大本営は沖縄に配属される日本軍の食糧確保、校舎の兵舎への転用などを目的に、足手まといとなる学童および高齢者・病者らの疎開を促した（『沖縄県史 各論編六・沖縄戦』）。学童疎開は、県から各学校長あてに「学童集団疎開準備ニ関スル件」が提示されており、保護者らは約一〇日間で、疎開有無の決断を迫られている。地域住民が学童疎開に積極的にならなかった理由は、疎開期限がいつまでかわからないこと、すでに制海権が米軍に握られていたこと、どうせ死ぬなら家族一緒がよいなどが理由であり、学童疎開の決断は親にとって苦渋の選択だったのである。

平良啓子は、姉の常子（三高女）・兄（当時六年生）・いとこの時子（当時四年生）・長兄嫁となる女性と祖母と一緒だった。啓子は二人も姉が一緒だったことで安心していたという。だが、悪石島《あくせき》近海で米潜水艦ボーフィン号から発射された魚雷が命中し、海に放りだされ、啓子だけがイカダにたどりついた。イカダでは日に日に体力が衰えていき、漂流が五日を経過した頃、乗っていた人数は漂流初日の半分、五人になったという。六日後、五人は無人島にたどりつき、奄美《あまみ》大島宇堅《うけん》村の人々に助けられた。啓子は、翌年（一九四五年）二月まで古仁屋《こにや》で過ごしている（二〇一七年の大宜味村大兼久区公民館の講演）。

対馬丸と一緒に那覇《なは》港を発った暁空丸《ぎょうくうまる》・和浦丸《かずうらまる》はボーフィン号の攻撃をかわし、八月二四日に長崎に到着した（『沖縄県史 各論編六・沖縄戦』）。軍は対馬丸の撃沈事件を機密扱いとし、生存者にも固く口止めし箝口令《かんこうれい》を敷いた。それは学童疎開をそのまま推し進めることが目的だったが、対馬丸撃沈事件は徐々に知れわたるようになり、学童疎開を中止する学校も出始めた。

学童疎開船の撃沈は対馬丸だけだが、一般の住民が乗船していた船舶の撃沈はほかにもある。最初に多くの一般住民の被害をだしたのは一九四三年五月に撃沈された嘉義丸《かぎまる》で、乗客五五一名のうち、犠牲者は県出身者を含む三二一名となっている。そして同年一二月、那覇から鹿児島に向け出発した湖南丸《こなんまる》には六八三名が乗船していたが、米潜水艦グレイバッグの魚雷が命中し撃沈、海に放り出された人々は護衛艦柏丸《かしわまる》に救助されるも、柏丸もグレイバッグに狙われ撃沈した。湖南丸には一〇代の海軍少年飛行兵志願者二〇〇名余り、ほか本土の軍需工場へ動員された若者らも乗船しており、五七七名が犠牲となっている（同前書）。

一九八四年の戦時遭難船舶合同海上慰霊祭に参加した湖南丸の遺族の一人、銘苅正子《めかるまさこ》（参加時五五歳）は「母は（中略）、沖縄戦では娘の節子《せつこ》（当時三歳）を餓死で死なせ、祖母は破傷風《はしょうふう》で亡くなり」、「息子の名城《なしろ》政勝（当時一六歳）が、軍需工場へ行く途中を湖南丸に乗っていて犠牲になった」と述べた。そして「憲兵が来て、母に『船が沈んだことは黙っておけ、そうでなければ軍需工場へ行く人がいなくなる』と口止したという。「母はいまでも海を見るのがつらいと言っています」と述べた（戦時遭難船舶遺族連合会『海なりの底から』）。『沖縄県史 各論編六・沖縄戦』によると、沖縄関連で戦時中に撃沈した船舶は二六隻で、船客死没者は県内外含め四五三二名となっている。なかには多くの子どもが乗船していたと考えられる船舶もあるが、何名の子どもが犠牲となったのかは不明である。

対馬丸撃沈で一命を取りとめた平良啓子は、一九四五年二月下旬、故郷の国頭《くにがみ》村安波《あは》集落に帰ってきた。その約一ヵ月後、啓子は地上戦を体験することになる。

ヤーサン、ヒーサン、シカラーサン

無事に疎開地へたどりついた子どもたちを待っていたのは、「ヤーサン（お腹が空いた）、ヒーサン（寒い）、シカラーサン（寂しい）」だった。この言葉は、その時の体験を端的に表す。

沖縄から九州へ渡った子どもは、それぞれ宮崎県・大分県・熊本県へと向かった。『沖縄県史 各論編六・沖縄戦』によると、「一九四四年十月末に各県から文部省に報告された学童集団疎開の児童数は、宮崎県三一五八人、熊本県二六一二人、大分県三四一人で合計六一一一人である」と記されている。

宮崎県の細島《ほそしま》国民学校が宿舎となった東風平《こちんだ》国民学校の学童疎開者には一日一人五〇銭の援護費が支給されるも、配給物資が日増しに減少していったという。引率した新城一由（当時三四歳）は「豚の屠殺作業に出た収入で、子どもたちの生活をしのだ」と述べている（『東風平町史　戦争体験記』）。

今帰仁《なきじん》村の今帰仁国民学校・天底《あめそこ》国民学校の引率教員だった島袋善恒《しまぶくろぜんこう》（当時三二歳）は、地元住民から借りた畑を耕すことで食事をつないでおり、また寒さをしのぐため薪《まき》を手に入れようとするが、軍への薪供出が優先されたことで、なかなか手に入らなかったと回想する（『名護市史　本編三・名護・やんばるの沖縄戦　資料編二』）。

沖縄島の子どもたちにとって本土の冬の寒さはあまりにも厳しく、家族を思い出す寂しさも重なり、「ヤーサン、ヒーサン、シカラーサン」だったのである。島袋は当時の様子について、『備忘録』という名で日記を付けている。一九四六年二月二八日付に「川上美枝子ノ四十九日」と記されており、同じく引率教員だった宮城《みやぎ》徳吉は「予想もしなかった長い集団生活、食糧難、医療物資の不足等、生活条件が悪く病気をする子どもも続出し、疎開中ついに『今帰仁校一人天底校三人』と四人の学童が病気のため死亡するという悲しいこともあった」と述べている（同前書）。

帰郷

敗戦を迎えた翌年（一九四六年）、学童集団疎開の子どもたちは沖縄行きの船に乗り、長くて約二年余の集団生活を終えた。東風平国民学校の町田《まちだ》功《いさお》（当時一二歳）は「昭和二一年一〇月二五日に沖縄に上陸した」「私は、母や兄、妹が出迎えをしていることを期待し、出迎えの中に、母、兄、妹の姿を求めたが、その姿を見ることができませんでした。私を迎えたのは、祖母、叔父、叔母達であった」と述べている（『東風平町史　戦争体験記』）。

西原《にしはら》町立図書館に保管された『村制十周年記念　村勢要覧西原村　一九五六年』によると「（一九四六年）十月三日には宮崎県に疎開していた児童一七八名が、仲宗根《なかそね》英輝教員引率の下に帰還した。一ヵ年半振り、無事還ってくれた児童を温い気持で迎えた。しかし戦争によって父母兄弟を失い、孤児として親類縁者に伴れ行く後姿を見た時、誰ひとり泣かないものはなかった」（読点は筆者挿入）と記されている。

対馬丸撃沈で、母と二人の弟を失い一人生き残った喜友名《きゆな》トミ（当時七歳・読谷村）は、そのまま九州で疎開生活を送っていた。やっと沖縄へ帰ると、父もすでに戦死していた。トミは船から降りた同じような子どもたちが、父母らに抱きかかえられながら家路へ向かう姿をみて「私だけが取り残されたように感じて、『生きて帰らなければよかった』と子どもながらにとても傷ついて泣いてしまいました」と振り返る（『読谷村史　第五巻資料編四・戦時記録　下巻』）。

戦争孤児となった多くの子どもは戦後も辛く、惨めな生活を強いられていく。戦争孤児については、後にくわしく述べるとする。

「集団自決」の子ども

海と自然の美しさで知られる慶良間《けらま》諸島、毎年観光客でにぎわうこの島々で、沖縄戦の実相を表わす事件が各地で起っていた。まずは、三名の証言を紹介する。

渡嘉敷村・座間味村の事例

山城《やましろ》盛治（当時一四歳）渡嘉敷《とかしき》村（『渡嘉敷村史　資料編』）

（村の青年たちが）ゴボウ剣で子どもは、背中から刺し殺し、子どもは肉が薄いのもので、むこうがわまで突きとおるのです。女の人はですね、上半身裸にして、オッパイを自分で上げさせて、刺したのです。私は年が若いし、青年たちに比べて力もないから、女の人を後ろから支える役でしたよ。私たちは三人一組でね。

宮里美恵子《みやざとみえこ》（当時三〇歳）座間味《ざまみ》村（『座間味村史　下巻』）

また、ノブ先生も、カミソリで自分の子どもたちの首を切りました。傷口があさかったせいか、全員無事でしたが、子どもたちはとても痛がって泣いていました。ノブ先生は死ねないことを恥じるように、「(子どもたちが痛がっても)知らんふりしなさいよ、知らんふりしなさいよ」と言葉静かに私に言いました。生き残った私たちはどうしていいのか分からず、誰ひとり声を出すことなくただぼんやりしているだけでした。

長田《ながた》一彦《かずひこ》(当時一〇歳)座間味村(同前書)

その時、母はポロポロ涙を流しながら「自分たちだけで死ぬのではない。島中の人がいっしょに死ぬのだから、何もこわいことはない」と三人の子へ死の決意を促すのに懸命であった(長田親子四名は命をとりとめている)。

「集団自決」の背景

最初に米軍が上陸した慶良間諸島では「集団自決」(「強制集団死」ともいう)が起きていた。そして米軍が沖縄島の北谷《ちゃたん》村・読谷《よみたん》村の海岸沿いから上陸すると、両村でも「集団自決」が起こり、米軍進攻線上の中部地区の美《み》里《さと》村・具志川《ぐしかわ》村でも起こった。また、米軍進攻とともに鉄の暴風が降り注ぐ沖縄島南部でも起こっている。

「集団自決」が派生した要因として先に述べた、日本政府がつくりあげた天皇・国家への愛国心・忠誠心も一因としてあげられるが、それだけでは起こり得ない事象である。

一五年という長い戦争が続くと、沖縄でも中国戦線帰りの在郷軍人が増えてきた。読谷村の場合、彼らは帰郷すると中国で犯した残虐行為を武勇伝として周囲に伝えており、それを聞いた女性らは、負け戦になると自分もそうなると信じ込み、「捕まるよりは死んだ方がまし」と思い込むようになったという。さらに、新たに中国戦線からやってきた日本兵らが地域に配置されたことで、兵士らは住民に対し「米軍に捕まったら男は八つ裂きにされ、女は強姦され殺される」といった自らが中国で行った行為を、米軍も同様に行うと恐怖心を煽っていたという。

そして兵士らは軍人の行動規範である戦陣訓の「生きて虜囚《りよしゆう》の辱《はずかし》めを受けず、死して罪過の汚名を残すこと勿《なか》れ」を引き合いに、「軍官民共生共死」を住民に求めたのである。その要求は日本軍から直接聞く住民もいれば（美里村の場合）、村の有力者を通して伝えられた住民もいる（慶良間諸島の場合）。その際に手榴弾を配られ「いざとなったらこれで……」と、有無をも言わさない暗黙の同意が形成されたのである。

当時、軍の指示・命令は絶対であった。多くの体験者が、手榴弾を渡されると「生きることは考えず、死ぬことしか考えていなかった」と語るのは、このような心理に陥っていたからである。

「スパイ視」と「軍官民共生共死」

日本軍は、子どもを含む住民を徴用し、飛行場建設・陣地構築を急ピッチで進める一方、第三二軍牛島満《うしじまみつる》中将は沖縄到着後（八月三一日）、各兵団長合同会の訓示のなかで「防諜に厳に注意すべし」と述べており（『戦史叢書　沖縄方面陸軍作戦』）、その訓示は各部隊で徹底され、常に住民はスパイ嫌疑の対象者となった。軍は、地域からの食糧供出や住民を陣地構築などに徴用する一方で、住民が米軍に捕まると、陣地の場所や兵器・兵員数など、軍の機密情報をしゃべってしまうと恐れていたのである。

そのような状況のなか、沖縄を十・十空襲（一九四四年一〇月一〇日）が襲った。空襲をはじめて体験した住民は、戦争の恐ろしさを知り右往左往と逃げ回った。日本軍は逃げ回る住民をみて、「住民は無知にして気迫に乏しく動揺し易き民情に在り」「青壮年にして避難するを見るは将来教育の必要あり」と不信感を述べている（『沖縄県史　資料編二三沖縄戦六・沖縄戦日本軍史料』）。

一一月一八日、第三二軍は「報道宣伝防諜等に関する県民指導要綱」を発令し、「軍官民共生共死の一体化」の「方針」のもと軍官民一体となった報道宣伝・防諜対策のための組織体制を整えた。活動主旨は「常に戦局の推移民心の動向を」調査し、「民度に応じ」必要な場合は「反復宣伝（戦意高揚を促す行為）を実施す」るというもので、特に防諜対策として軍・官・民とそれぞれで役割を担い、官と民は常に軍に報告することになっていたという（沖縄県文化振興会公文書館管理部史料編集室『沖縄戦研究Ⅱ』）。民（有力者）が民（一般住民）を監視する制度が整ったのである。

徹底した「軍官民共生共死」の意図は、住民が米軍に捕まる前に死を選択させることだった。逃げ場のない小さな島で住民は死を選ぶことしか許されず、「集団自決」は起こったのである。

「集団自決」の子どもの人数

米軍が慶良間諸島に上陸した一九四五年三月二六日、座間味島では一三四名、慶留間《げるま》島では五三名、渡嘉敷島では三月二八日に三二九名が「集団自決」で犠牲となっている（座間味村教育委員会『戦世を語りつぐ』および渡嘉敷村HP。渡嘉敷村の三二九名は不確定）。

座間味村と渡嘉敷村に、「集団自決」犠牲者数のなかの子どもの人数を確認したところ、不明という。ただし渡嘉敷島の場合、全戦没者数は三八〇名（年齢不明二七名含む）で、そのなかで一八歳以下の戦没者は一四五名ということが判明している。「集団自決」三二九名は全戦没者の約八七％を占めていることから察すると、一八歳以下一四五名の大多数が「集団自決」で犠牲になったと考えられる。

沖縄島で最初に米軍が上陸した読谷村ではどうだろうか。読谷村では「集団自決」によ

図６　チビチリガマ
左の石碑に83名の名前が刻まれている.

る犠牲者は、これまで判明しただけで一三〇人（二〇〇一年一月末現在）にのぼるという（『読谷村史 第五巻資料編四・戦時記録 上巻』）。楚《そ》辺《べ》区の楚辺クラガー（暗川）では、入水による「集団自決」で八名が犠牲となり、そのうち五名が二〜一六歳までの子どもだった。

また、読谷村から恩納《おんな》村安富祖《あふそ》に避難し、そこで起きた「集団自決」では一一名中四名が一〇歳以下の子どもとなっている。さらに村内のクーニー山壕で起きた「集団自決」では一六名中四名が子どもだった（同前書）。

読谷村波平《なみひら》にあるチビチリガマ

（鍾乳洞）では、約一四〇名中八三名が犠牲となっている。このガマの入口には「チビチリガマから世界へ平和の祈りを」と題された石碑が建立されており、碑文と亡くなった人の名前・年齢が記されている。筆者が数えると八三名中一八歳以下は四九名、そのなかで一〇歳以下は二九名であった。

戦場の子ども

各戦場の証言

前述したように、日本軍は「沖縄本島南半部に陣地を」構築し、米軍を「撃滅する」持久戦を計画したことで、鉄血勤皇隊《てっけつきんのうたい》・女子看護隊の少年少女たちの多くは中南部の軍に配属され犠牲となった。

一方で、中南部の住民は米軍の攻撃が始まる前に北部（やんばる）に疎開するよう指示されたが、艦砲射撃が始まった三月二三日以降も多くの住民が残っており、それぞれの判断で避難先へと向かっている。やんばるへ向かった住民のなかにも、南部へ向かった住民のなかにも大勢の子どもたちがいた。

以下では、各地の戦場の様相を証言でみてみよう。

鉄の暴風禍にいた子ども―南部の戦争

玉沢信枝《たまざわのぶえ》（当時一六歳か、『糸満市史 資料編七・戦時資料 下巻』）

雨の降る夜、突然、ドーンと屋敷壕に弾が落ちました。真っ暗闇のなか大騒ぎでした。暗くて誰が怪我をして誰が亡くなったのか分からないので、倒れている人を触って確かめました。死傷者が数人出ていて、ひとりはカンプー（結頭）を結ったおばさんで、もうひとりは子どもでした。この子どもの足を触ると両足がありませんでした。この子は前日に散髪をしてきれいにしてありました。私は弾が落ちた時は屋敷壕から離れていて怪我はありませんでした。

仲村《なかむら》 傳（当時一三歳、『玉城村史 第六巻・戦時記録編』）

どしゃぶりの雨の中を泥まみれになり、砲弾のなかを道端に伏せながら歩き続けました。（中略）途中で弟が榴散弾《りゅうさんだん》の破片で股を負傷したので、タオルでしばり、母がおんぶして安全な壕をさがし歩きました。（中略）砲弾が遠のき、やっとの思いで見つけた自然壕の中には、多くの避難民や兵隊がいました。弟の傷口からうじがわき、私はおしっこで消毒しました。「子どもを泣かすな」と兵隊のきつい声がした次の瞬間「ドカン」という音と同時にきつい臭いがして息苦しくなりました。

国吉《くによし》ハル（当時一四歳、『東風平町史 戦争体験記』）

途中、小屋の側で祖父が倒れているのを見つけた。途端、私はびっくりした。早速、

図７　戦禍を生きた子ども　民間人収容地区のなかで（撮影場所・日付不明，沖縄県公文書館所蔵）

叔母さんを呼んで来た。二人は抱き合って泣いた。祖父は、最初、太ももをやられたとみえてそこを手拭いで縛りつけてあった。致命傷は頭の傷だった。脳味噌は飛び出し、顔や肩は真っ赤な血に染まって、見るも無残であった。

名幸芳生《なこうよしお》（当時九歳、南風原《はえばる》町南風原文化センター『南風の杜　南風原文化センター紀要』一九号）

戦争になるまでは一三名家族だったが、一一名亡くなった。最後は母と僕が生き残った。最初に亡くなったのは、お父さんの弟の芳喜さんと、妻のヨシコだった。ヨシコは那覇の善光堂病院というところに入院していて、芳喜さんは病院へ見舞いに行った時に十・十空襲に遭い、亡くなった。そのあと、まだ上陸前だったが艦砲射撃で祖母のツルと、従姉妹のはるこが亡くなった。はるこは当時一五～一六歳ぐらい（中略）。首里《しゅり》・石嶺《いしみね》にも艦砲射撃がもう雨あられのように撃ち込んでいるから。（中略）それから、空き墓に入り込んだ。でも九名のうち、ひとり（叔母カミ）は、小児マヒっていうの？それで小さい時から歩けない状態だから、西原《にしはら》の二階壕に置き去りにしてきた。あれ以来もう会っていないです。餓死して死んだと思う。（中略）お祖父ちゃんは日露戦争でやられているから歩けないさ。片足切断して、松葉杖でしか歩けない。破片で松葉杖も叩き折られてから、這ってからしか歩けない。さらに、父も母も迫撃砲でやられているんですよ。ウジがじんじん湧いて歩けないんですよ。（中略）その状態で、弟おんぶして、妹二人は手をつないで、ずっとずっと傾斜を、なんとか這い上がって。（中略）アメリカーが、ぞーっと後ろからついてきているさーね。（中略）もう怖いから。なぜ怖いかというと女は片っ端から強姦して殺すと。男は身体を切り落とすと。目も歯もみんな切り落としてもう無惨な殺し方をするからと。（中略）そこへ手榴弾ぶち込まれて。（中略）もうみんな内蔵吹っ飛んで、手足も吹っ飛んで即死なんですよ。

本書の冒頭で紹介した糸満《いとまん》市・南城《なんじょう》市・八重瀬《やえせ》町・南風原町（旧一町一二村）を含めた南部の住民の多くは四月以降、米軍が中部から上陸したことで北部へ避難することができず、また、しばらく経って米軍に追われた日本軍が、持久戦を続けるために南部に撤退したことで、住民もさらに南へと向かっている。南部地域は日本軍と米軍と住民が混在する状態に陥った。

南部で戦没した子ども

そのなかの南風原町から沖縄戦で犠牲となった一九歳以下の戦没者一二一九名が、どこで戦没したのかという地域ごとのデータをいただいた。その表の南部域である南風原町・知念《ちねん》・玉城《たまぐすく》・摩文仁《まぶに》の四ヵ所を合算すると一一四三名（鉄血勤皇隊・女子看護隊も含まれるが、人数としては多くない）となっており、全体の九四％となっている。南風原町のほとんどの子どもは、南部で犠牲になったといっても過言ではないだろう。

次に糸満市をみてみよう。『糸満市史　資料編七・戦時資料　下巻』によると、全戦没者八五〇八名中、糸満市域とその他南部地域（那覇・首里を含む）で戦没した人

表7　南風原町の子どもの戦没地

場所	0〜9歳	10〜19歳	合計
南風原町	130	88	218
知念・玉城	50	15	65
摩文仁	506	354	860
那覇	11	11	22
中部	17	2	19
北部	17	9	26
県内	5	4	9
合計	736	483	1,219

は七三一五名となっており、全体の八六％を占めている。プロローグで述べた糸満市の一四歳以下の子どもの戦没者数二七四三名の多くは、南風原町と同じく南部で犠牲となったと推測する。

データで示すことはできないが、八重瀬町・南城市も南部に止まった住民が圧倒的に多いことが判明しているので、調査できた糸満市・南城市・八重瀬町・南風原町の子どもの戦没者七七九一名の多くは、南部で戦没したのだろう。

ひめゆり平和祈念資料館に隣接する糸満市米須《こめす》（当時は摩文仁村）では、家族の半数以上が戦没した世帯数は一二八世帯、そのなかで一四歳以下の子どもの戦没者数は二九〇名となっている。ちなみに米須集落の一家全滅した世帯数は四二世帯（一人世帯含む）となっており（同前書）、その屋敷跡は七六年経った今でも県道沿いに佇む。

二〇二〇年四月、糸満市真栄平《まえひら》（当時は真壁《まかべ》村）を、戦争体験者である大城藤六《おおしろとうろく》（当時一四歳）の案内でフィールドワークに参加する機会を得た。真栄平は、家族の半数以上戦没した世帯数が一四一世帯、一家全滅が四七世帯の地域である（同前書）。大城藤六は戦後直後に、生き残った村の人たちと一緒に真栄平村の生存者数を調査している。筆者の「なぜ、一四歳の少年が調査を行ったのか」という問いに、「年齢に関係なく生きている人がやらなければいけない。あの時はそうだった」と述べた。大城の調査項目には「両親なし二一戸（生存の子を中心にして）」と記されていた（『沖縄県史 第九巻各論編八・沖縄戦記録二』）。戦争孤児がうまれた戸数であろう。

現糸満市（旧一町五村）の一家全滅は、一人世帯を含め四四〇世帯となっている。そのなかに何名の子どもがいたのかは不明である。

中北部で戦没した子ども

米軍上陸前に北部へ避難を始めた東風平村の伊良波《いらは》朝助《ちようすけ》（当時三四歳）は「恩納村熱田《あつた》で思いがけなくトラックが海中に転倒」、「泣き叫ぶ婦女子や子どもを引っぱり上げ」、「自分の長男（当時一二歳）を含め一七人の死亡者が出た」と回想する（『東風平町史 戦争体験記録』）。南部の住民が北部へ避難する際にも、犠牲者がでていた。

中部地区の読谷村・北谷村の海岸から米軍が上陸したことで、中部一帯にいた住民は混乱状態に陥っていた。前述したチビチリガマでの「集団自決」もこの時である。読谷村の調査によると村民戦没者二〇一七名中、四七七名が村内で戦没しており、北部の避難地、あるいは米軍の民間人収容地区で戦没した人は七〇九名（国頭・大宜味・東《ひがし》・久志《くし》・羽地《はねじ》）となっている。

読谷村から提供してもらった一八歳以下の子どもの戦没者数は一一〇五名で村民戦没者の半数以上であり、そのなかで一四歳以下の子どもは七四一名で六七％を占める。なかで

12	13	14	15	16	17	18
14	14	14	14	19	17	23
14	12	15	28	28	114	121
28	26	29	42	47	131	144

も〇歳児・一歳児を合わせると二三〇名、六歳以下の幼児期までを合わせると五二〇名となり、改めて幼い子どもほど犠牲となっていることがわかる。

同じく、中部地区の沖縄市（旧越来《ごえく》村・美里村）の子どもの戦没者数を『沖縄市史 第五巻・戦争編』でみてみると、沖縄市住民の戦没者は二九三八名と考えられ、そのなかの一九歳以下の戦没者は九〇三名となっている。一九歳以下の戦没場所の内訳は、中部で四〇七名、南部で三一二名、北部で一八四名となっており、沖縄市を構成する旧美里村では「集団自決」も起きていたので、中部四〇七名のなかには「集団自決」で犠牲となった子どもも含まれている。

また、県から事前に指定された北部の避難地、および米軍の民間人収容施設があった羽地村（成人含む戦没者一八二名）、金武《きん》村（一八六名）、久志村（八四名）で、四五二名の沖縄市住民が戦没していた。民間人収容地区については後にふれるが、戦渦を逃がれても食糧不足でマラリアや病気が蔓延したことで多くの人々が亡くなっている。そのなかで何名の子どもが亡くなったのかは不明である。

表８　読谷村の18歳以下の年齢別戦没者数

年齢	0	1	2	3	4	5	6	7	8	9	10	11
女	55	41	40	31	21	23	26	19	14	11	15	8
男	66	68	47	37	27	19	19	20	17	9	14	10
計	121	109	87	68	48	42	45	39	31	※21	29	18

※９歳男女不明１名を計に加えた.

子どもがみた北部山中のできごと

一九四五年四月七日、米軍は名護《なご》湾からも上陸し、読谷村から陸路を北上してきた米軍と合流、本部《もとぶ》半島を遮断するかのように沖縄島最北端の辺戸《へど》岬を目指して北上した。八重岳・真部《まぶ》山（本部半島）には宇土《うど》部隊が潜伏していたことで、米軍による激しい集中砲火を浴びていたことは先で述べたとおりである。その八重岳にも多くの住民が避難していた。

八重岳中腹にある芭蕉敷《ばしょうじき》集落に住んでいた森松長孝《もりまつちょうこう》（当時一二歳）は「八重岳や真部山には激しく米軍からの艦砲や空からの機銃掃射が降り注いだ。夜になるとピッタリと止み、すると周りから兵隊たちの『痛いよー、助けてくれー』『お母さーん』という叫び声や呻き声が闇夜に響いていた」と回想する（二〇一五年の筆者聴き取り）。

山中では北部住民と中南部から逃げてきた避難民、そして敗残兵となった日本兵とそれを追う米軍が混在状態に陥っている。北部の住民にとって山中の様子はよく知っており、住民らは米軍上陸前から避難小屋をつくり、食糧を隠していた。だが、中南部からやってきた避難民らは、当初は避難小屋も割り当てられわずかな食糧配給もあったが、米軍が山中まで入り込んでくると、小屋を捨て山中をさまようようになる。そこに敗残兵と遭遇し、ほんのわずかな食糧まで奪われた。

後に詳細は述べるが、名護市の山深い地に大湿帯《おおしったい》という集落がある。そこには沖縄島全域、および近隣離島の御真影が集められていた。そのため、その御真影を奉護（守ること）する多くの学校長や教員らがおり、その補助員として一〇名程の県立三中生が集められていた。その一人だった屋比久浩《やびくひろし》（当時一五歳）は、山の中に避難していた子どもの様子は今でも脳裡から離れないと筆者に語ってくれた（『語りつぐ戦争　第二集』）。

ここ（ほっぺたを触りながら）がげっそりして、（栄養失調で）膝こぞうやお腹だけが大きな子どもたちがたくさんいて……。どこに行くともなくさまよっている状態だった。五月はずっと雨だったので、その頃にはもう死ぬんだろうなと思われる人が、県有林事務所のまわりにたくさんいて、僕らはしょっちゅう、敵が来ないか偵察に行っているもんだから、その人たちを見てしまう……。小さな子どもも親も、……ハエをはらう元気もない、……用を足すにも、隠れることなく、その近辺でやり、そこにハエがたかるし……。

沖縄島のやんばるの山奥では、子どもを含む多くの避難民たちが食べる物もなく、さまよっていたのである。

米軍上陸前に南部の高嶺《たかみね》村から約九〇キロの道のりを、二歳の息子・祖母・義妹と歩いて大宜味村津波《つは》区までやってきた久手堅裕子《くでけんゆうこ》（一九二二年生）は、食糧が足りなく「ソテツをとってきて食べた」が、「ソテツも勝手に盗ったら津波の人に叱られた」と述べる（『糸満市史　資料編七・戦時資料　下巻』）。ソテツは、飢餓や干ばつの際の非常食であるが、猛毒が含まれており毒抜きできずに死に至る場合もある、とても危険な食べ物だった。

国頭村の玉城《たまき》清威（当時一〇歳）は「私の家族も栄養失調で骨と皮になっていました」「ひどいのは町方からの疎開者で、私たちが落としたイモの皮を銀蝿がたかっているのもかまわずに母親と女の子が争って食べていた」と振り返った（『沖縄県史　第一〇巻各論編九・沖縄戦記録二』）。

北部・羽地村の真栄田《まえだ》義春（当時一一歳）は、山に避難している時、米軍のいる場所に下りて行き、食糧をもらい山にもどって食べていたという。そこに日本軍がやってきて米軍から食糧をもらったことでスパイ容疑をかけられるが、父の説得で日本軍は怒りを抑える一方、多くの食糧を奪って立ち去ったと回想する（『語りつぐ戦争　第三集』）。山の中での日本軍によるスパイ嫌疑・食糧強奪の証言は枚挙にいとまがない。当時、何千人という日本兵が山の中に潜伏していたと考えられ、彼らは戦うことなく米軍をみると隠れ、住民に遭遇すると食糧を強奪した。

現在の名護市は、戦前の名護町・羽地村・久志村の一町二村で構成されている。名護市の資料によると平和の礎（一九九六年）に刻まれた戦没者は五六七二名で、うち沖縄島および伊江島での戦没者は二九四五名となっている。さらにそのなかで一八歳以下は六〇八名となっていた。戦没した原因は、栄養不良を起因としたマラリア・栄養失調・病死が多かったことが判明している。

提供していただいた読谷村資料でも栄養失調・病気が一二三九名（大人含む）となっていることから、山中では食糧不足が起因して病気となり戦没した人々が多い。北部（やんばる）に避難した住民や子どもたちは、飢餓やマラリア・病気が猛威をふるう戦場に立たされていたのである。

虐殺された住民と子ども

大宜味村渡野喜屋《とのきや》集落で、日本軍による避難民虐殺事件が起こった。その事件は米軍の将校らが記した資料『沖縄戦戦後初期占領資料』（以下『ワトキンス・ペーパー』）でも取り上げられており、「彼らは民間人に対して凄惨な虐殺を働いた。五月一二日、渡野喜屋で日本兵の小隊が民間人の指導者たちを整列させてひとりを撃ち、他の四人を山中に連行し、他の村民にも砲火をあびせて三〇人を負傷させた。その翌日、彼らは仲宗根（今帰仁村）で沖縄人班長の首を斬り落とした」と記されている（『名護市史　本編三・名護・やんばるの沖縄戦　資料編三』）。

渡野喜屋事件の当事者である仲本政子《なかもとまさこ》（当時四歳）と、兄（当時八歳）は米軍の捕えられ、他の住民と同じく、北部へ移動中に食糧を支給されていた。それをみていた日本軍に「俺たちは山の中で何も食う物もないのに、お前たちはこんないい物を食っているのか」とすべての食糧を奪われ、「残った女子どもを浜に連れて行き、一か所に集合させ『一、二、三』と言って後ろから手榴弾を投げ、皆殺しにしようとした。その時、母のそばにいた人は内臓が飛び出したまま、母に寄り添いながら死んでいった」「一五名ぐらいは生き残ったのかな」と回想する（『名護市史　本編三・名護・やんばるの沖縄戦』）。そのなかに多くの子どもがいたと考えられる。

ほかにも『ワトキンス・ペーパー』には「五月二七日早朝に桃原《とうばる》（国頭村）で」「少なくとも三軒の沖縄人民家に対して（日本兵の）手榴弾による攻撃が行われ」「妻が殺され、子どもの腕が酷く裂かれた」。「同じ頃、燐酸手榴弾が六四歳のきょうだいの家に投げ込まれ、彼と妻と二人の子どもがひどい火傷を負った」と記されている（『名護市史　本編三・名護・やんばるの沖縄戦　資料編三』）。避難民・子どもたちは米軍管理下にあった民間人収容地区に入っても休まることはなかったのである。

当時、夫が召集され妹家族と一緒に山中に避難した宮城ハル（当時二七歳）は「避難中、いちばん皆が嫌がったのは子どもの泣き声であった。私たちもダキシジ（地名）で野宿中に照明弾を浴びた。弾がパッと開くと昼のように明るくなり、その烈しい光はまるで魔の光のようにどんな深い繁みの中までも透き通して、物音一つ立てられない緊張の連続だった。そんな時にかぎって子どもは泣き叫ぶ。すると『子ども泣かすな』『みんなから離れろ』、後には『子どもを埋めろ』との声も飛んでくる。子どもを抱えた母親は死にもまさる地獄だった」と述べている（『語りつぐ戦争　第一集』）。中南部の戦場でも北部の山中でも、子どもは邪魔者扱いだったのである。

恩納村安富祖の山中に避難していた久場文子《くばふみこ》（当時一五歳）は、「私たちがまだ山にいる頃、糸満あたりのお母さんと聞きましたが、このお母さんは子どもを二、三名位連れていて、一番小さい乳飲児もいた。避難している場所で、ひとりのオジイさんが、『トー　ナマンデー　ウヌ　アカングワナカセー　ワッタームルシニルスンドー　ウヌクヮ　チャーガラナランナー　チャーガラナランナー（今この赤児を泣かすとここにいる全員死ぬことになる。この子をどうにかしなさい）』、と言うもんだから、ちょうど小さな滝みたいなものがあって、その母親は自分の子どもをぶって、石にあてて殺した」と述べている（恩納村安富祖編集委員会『とよむあふす』）。

マラリアと子ども

沖縄島では、米軍に捕まり民間人収容地区に収容されると、栄養失調や病気、特にマラリアが蔓延し、多くの避難民・子どもが亡くなった。二〇二〇年に刊行した『戦争孤児たちの戦後史二　西日本編』（吉川弘文館、二〇二〇年）に詳細を記したが、現名護市域内にあった瀬嵩《せだけ》収容地区・汀間《ていま》収容地区ではそれぞれ『瀬嵩　墓地台帳』『汀間市　出生死亡台帳』が残っており（コピー）、『瀬嵩　墓地台帳』には不明者八三名を差し引いた死亡者五二六名中、一〇代以下は一七六名で（一九四五年七〜八月）、『汀間市　出生死亡台帳』では二一四名中五九名の一〇代以下の子どもたちが亡くなっている（七月下旬〜九月下旬）。瀬嵩区の西平万喜《にしひらまんき》（当時二四歳）は「マラリアがピークを迎えていました。多いときは四〜五人、年寄りや子ども、弱い者から亡くなっていった。私もマラリアで子どもひとりを亡くしています」と述べている（『名護市史　本編三・名護・やんばるの沖縄戦』）。

八重山《やえやま》諸島でも強制移動させられた地域でマラリアが蔓延、石垣《いしがき》島の於茂登《おもと》岳周辺に日本軍によって住民の約一万九〇〇〇名が強制移動対象者となり二四九六名の住民がマラリアの犠牲となった。また、西表《いりおもて》島に強制移動させられた波照間《はてるま》島の住民約三四％が、戦時中から終戦直後にかけ犠牲となったことは先でふれた。

西表島では、七つの島々からなる竹富《たけとみ》町の少年たち七八名が護郷隊《ごきょうたい》として召集されていた。竹富島の内盛勇《うちもりいさお》（当時一七歳）は「僕が大原《おおはら》に牛の徴発に行ったとき波照間の人がみんな南風見田《はえみだ》にいた。私たちが歩いていくと、私たちを引率していた兵長に、波照間の子ども、年寄りらがやってきて、兵長にすがるようにしてワーワー泣き出した。昨日は何人死んだ、今日はやがて何人死ぬって言って。かわいそうでした」と述べ、松竹昇助《まつたけしょうすけ》（当時一五歳）は、南風見田に強制移動させられていた医者の山盛顕一《やまもり》を訪ねたことがあり、彼から「毎日二、三名死ぬよ」と聞かされたという（拙著『陸軍中野学校と沖縄戦』）。

波照間島の死者五九三名中戦争マラリアの犠牲となった住民は五五二名、そのなかの一八歳以下は一九五名で、そのうち一〇歳以下は一六二名となっている（『竹富町史　第一二巻資料編・戦争体験記録』）。

戦禍のなかの教員と御真影

皇民化教育の末路

御真影の取り扱い

教員たちの沖縄戦

子どもたちを教えていた教員、特に御真影や教育勅語を護らなければならなかった学校長らは、どのように戦場をかけ抜けたのだろうか。彼らは子どもたちの「臣民ノ育成」を担う一方で、天皇・現人神の化身ともいえる御真影や教育勅語を自らの命以上に護り抜かなければならない一兵でもあった。彼らの戦場をみることで、子どもたちの教育の根幹である国家主義・皇民化教育の末路がみえる。

御真影と教育勅語の成り立ちや沖縄に奉遷された様子などはすでに述べたので、ここでは御真影と教育勅語、特に御真影が沖縄戦前後でどのような戦況下にあったのかをみてみる。北部（やんばる）では、米軍から御真影を護るために子どもや少年たちも動員されていた。なお、ここでは御真影を扱う場合に使用していた当時の表現をそのまま引用する。

御真影の奉護（護る）・奉遷（移す）・奉安（安置する）・奉焼（焼く）などである。

子どもより大切な御真影

一九四四年の沖縄戦が近づく頃、県内の分校を除くほとんどの学校では、御真影と教育勅語が奉安されていた。すでに述べたように、各学校では子どもたちの授業は徐々になくなり、軍事教練や陣地構築、食糧増産に毎日明け暮れるようになっていた。一方で、学校長らは地上戦となった場合にどのようにして御真影や教育勅語を護るのか、その奉護に頭を悩ませていたのである。

第三二軍が創設される前の一九四三年九月一七日、文部省は全国、特に主要都市での空襲に備え各学校に『学校防空指針』を通牒していた。その柱は次の通りである（小野雅章『御真影と学校』）。

一、御真影、勅語謄本、詔書訳本ノ奉護
二、学生生徒及児童ノ保護
三、貴重ナル文献、研究資料及重要研究施設等ノ防護
四、校舎ノ防護

文部省は、学生・児童より御真影・勅語謄本などの保護が優先と通牒しており、なかでも御真影は、最も護るべきものと指導していた。文部省総務局長藤野《ふじの》恵《めぐむ》は、「いかなるものを犠牲に致しましても、これが奉護を果さねばならぬもの」「些《いささ》かの遺漏もあつてはな

らない特殊の立場に在る」「予め非常の際に於ける奉遷所（中略）を決定して置く」と述べており（同前書）、前述したように、神格化された御真影・教育勅語は、わずかなシミでも教員らは震え上がる状況だったのである。おそらく学校長らは、藤野の通牒に忠実に従ったと考えられる。

十・十空襲と御真影

一九四四年八月七日、天妃《てんぴ》国民学校において校長会が開かれ、集団学童疎開とあわせて「非常事態御真影奉護について」という議題で話し合っている（沖縄県平和祈念資料館所蔵「戦時下に於ける沖縄教職員の活動状況」『参考資料』）。サイパンが陥落し沖縄での地上戦が決定的となったことで、学校では子どもたちの本土への学童疎開準備で慌ただしい時期であった。

同年一〇月一〇日、米軍機による大規模な空襲が県都那覇《なは》市をはじめ、県内の飛行場や軍港・軍施設などを強襲した。十・十空襲である。その機銃掃射の下では各学校長が御真影を抱え逃げ回っていたのである。沖縄師範学校の野田貞雄《さだお》校長は学校の東側にある古墓へ、那覇市の甲辰《こうしん》国民学校は牧志《まきし》の壕へ、南部の糸満《いとまん》国民学校は事前に用意していた退避壕へ、名護《なご》町の屋部《やぶ》国民学校では「旭川《あさひかわ》（集落）のタカバタキという民間の家」に、伊《い》是名《ぜな》島の伊是名国民学校では「メンナー（地名）の西南のくば地に移した」という。また、伊是名国民学校では「（御真影は）或る雨の日防空壕の天井から落ちるしずくで御真影にシミがつき監視の巡査に叱責された」と、当時の教員だった名嘉《なか》修二は回想する（『伊是名小学校創立百年誌』）。空襲という局面であっても、御真影は「些かの遺漏もあってはならな」かったのである。

十・十空襲後、各地の学校では空襲警報が鳴るたびに御真影を避難させることになり、学校教員らは戦々恐々の状況に陥っていた。当時、稲嶺《いなみね》国民学校（現名護市）の教員だった島袋《しまぶくろ》庄太郎《しょうたろう》の様子を、娘の木村敬子《きむらけいこ》（当時一一歳）は「父は空襲後、寝ても覚めても家族のことより御真影のことを考えていた」と回想する（二〇〇八年の筆者聴き取り）。

御真影の奉護に関する件

御真影については教育機関の中枢である県庁および各支庁からそれぞれの管轄する各学校に指示していると考えられ、八重山《やえやま》では県から石垣《いしがき》国民学校校長宛に、「御影並ニ奉護ニ関スル件」が次のように通牒されていた（『沖縄県史　第四巻各論編三・教育』）。

御真影奉遷に関する件

昭和二十年五月一日

八重山支庁長

石垣国民学校長殿

御真影奉遷に関する件通牒

苛烈なる戦局の現段階に既応し貴校拝戴の御真影並に交付相成たる詔勅を球第一八八〇一部隊内設営の奉遷所に左記日時を期し御奉遷申上げる事に決定相成たるに付之が施行に当り万遺憾なきを期され度此段通牒候也

記

昭和二十年五月一日午後六時球第一八八〇一部隊へ到着する如く午後五時三十分出発

八重山支庁から各学校長宛の通牒は、米軍が沖縄島に上陸した後の一九四五年五月であるが、宮古《みやこ》島に近い伊良部《いらぶ》島の伊良部、佐良浜《さらはま》国民学校の学校沿革史に「昭和十九年十月三一日　学校奉戴の御真影を宮古郡御真影奉護所に奉遷す」と記されていることから(『伊良部村史』)、おそらく沖縄島も伊良部島同様、早い時期に右記と同様な通牒がだされていたのであろう。

各地にあった御真影は、沖縄島および周辺離島は名護市源河《げんか》山奥の大湿帯《おおしったい》へ、石垣島および周辺離島は於茂登《おもと》岳ふもとの白水《しらみず》へ、宮古島および周辺離島は野原越《のばるごし》へ、いずれも人が掘った人工壕へ奉遷させようと計画していたのである。

では、地上戦があった沖縄島では御真影を奉護するためにどのような対策がとられていたのだろうか。

御真影奉護隊の結成

御真影奉護隊の結成

沖縄島および周辺離島の御真影は、いったんは沖縄島北部にある稲嶺国民学校（旧羽地《はねじ》村）へ集められた。そして県は、さらに山奥の源河大湿帯に二ヵ所の奉護場所を用意したのである。一つは山中にあった県有林事務所を改修し御真影奉護所とした。そして、その奉護所から直線にして約一キロ離れた山の斜面を手作業でコの字型に掘り、御真影奉護壕を構築したのである。

十・十空襲後、沖縄県は御真影を奉護するという特別任務を持った御真影奉護隊を結成した。隊員は次の九名である。

隊長　渡嘉敷真睦《とかしきしんぼく》　那覇国民学校長
副隊長　新里清篤《しんざとせいとく》　瀬底《せそこ》国民学校長
隊員　山城《やましろ》亀延　県立第二中学校教諭
隊員　上原《うえはら》守栄　南風原《はえばる》国民学校訓導

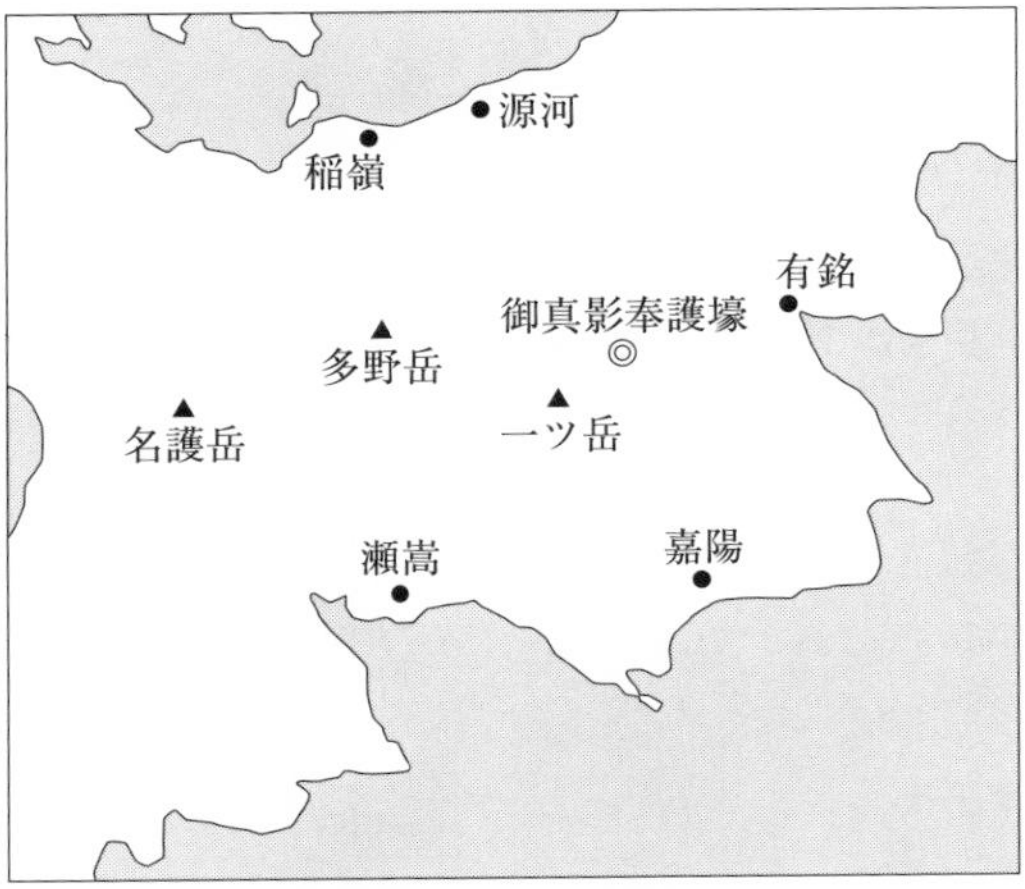

図８　御真影奉護壕の位置（名護市教育委員会提供）

隊員　伊集《いじゅう》盛吉　県立第一中学校教諭
隊員　喜友名《きゆな》朝亀　北谷《ちゃたん》国民学校訓導
隊員　富原《とみはら》守茂　県立第三中学校教諭
隊員　金城珍徳《きんじょうちんとく》　稲嶺国民学校教頭
隊員　粟国《あぐに》朝光　越来《ごえく》国民学校訓導

御真影と一緒にいた御真影奉護隊と教育関係者らは、第三二軍の戦略が「持久戦で捨て石となる」計画だったことは知らずに、沖縄戦は勝利すると信じ、それまではこの山奥で御真影を護り抜くことを考えていたのである。

御真影奉護のための計画は、県教学課首席視学の永山寛《ながやま》が関わっていた。当時、本部《もとぶ》半島に近い瀬底島の瀬底国民学校の校長で副隊長に任命された新里清篤（後の琉球政府立法院議員）は「（一九四五年）二月末のある日、県教学課の永山寛首席視学から『話したいことがある。渡久地《とぐち》（本部町）まで渡って来てくれぬか』という突然の連絡をうけた。（中略）渡久地に飛んでいったら、顔をあわせるなり、永山視学は『新里君、戦局は君の知っている通りだ。沖縄は玉砕を覚悟せねばならないが、教育行政の責任者として、今、一番頭をいためていることは全島各学校の御真影のことだ。米軍上陸の最悪事態に立ちいたったら、御真影の奉護もさることながら、その奉護のため幾十名の校長教職員が命を失うかもしれない。県として、羽地村源河山に御真影奉護所を特設してそこに全島の御真影をあつめ、奉護の万全を期することにしている。すでに責任者として那覇国民学校長の渡嘉敷真睦先生（後の琉球海運社長）を任命してあり、各郡市代表八名で奉護隊を結成し、第三中学校の少年約十名を補助員として配置する計画をしている。君は学童疎開船対馬丸《つしままる》で全家族を失い、本当に気の毒にたえないが、御真影奉護の重圧を得と認識して副隊長を勤めてくれぬか』と平素の物静かな口調ながら熱意をこめて頼みこまれた」（傍線は筆者）と述べている（新里清篤『回想と提言　沖縄教育の灯』）。先に述べたように、新里は学童疎開船対馬丸で、妻も含めて家族全員を失たことで、「どうせ家族も一人残らず死んでしまった」と開き直り「『諾』の一語でお答えした」と振り返る（同前書）。

中頭《なかがみ》地区の北谷国民学校で奉護隊を任命された喜友名朝亀（一九〇七年生）は「昭和二〇年二月に県視学に呼び出されて、御真影奉護隊の奉護員になるよう命令を受けた」。「学校に駐屯している石部隊の大型トラックで（御真影と）家族も便乗させて、山原《やんばる》へ疎開させることができた」と振り返る（『上勢頭誌　中巻通史編二』）。

図９　御真影奉護壕（名護市教育委員会提供）

県立第二中学校教諭の山城亀延は「北部の金武《きん》小学校へ移動という命令を受け、隊員（二中生）を引率して任地に向かった。任地につくと、教頭の世礼国男《よれいくにお》先生から御真影奉護所のある源河山のオーシッタイ（大湿帯）部落に行って、御真影奉護の任に当たってくれ、と頼まれ」「三月十九日に、オーシッタイに着いた」と述べている（山田実・外間政太郎編『親父たちの戦記』）。

九名の奉護隊員は一度に任命されたのではなく、そのつど、首席視学永山寛の指示のもと一九四五年一～三月中旬にかけて任命され、それぞれで稲嶺国民学校、もしくは大湿帯にある県有林事務所（奉護所）に向かっていた。

越来国民学校の粟国朝光は「（第三二軍

の）長参謀から、隊長の渡嘉敷先生に『（御真影は）君たちに任すよ』と言われ、私たち若い隊員は憤慨しまして、『死守せよと言うのならわかるが、任すよとは何たることだ』と」、長《ちょう》勇《いさむ》参謀長に怒ったという（『百周年記念誌　白椿―越来小学校―』）。皇民化教育で育った教員らは、血気盛んなメンバーだったのである。

初期の三名の奉護隊員

実は九名の御真影奉護隊の前に、緊急かつ臨時的な奉護隊が結成されている。『地方自治七周年記念誌』（一九五五年）には「最初の奉護員（ママ）として県教学課関係者の外、当時県立第一中学校長藤野憲夫、女子師範学校仲宗根《なかそね》政善《せいぜん》、那覇市松山国民学校喜久山《きくやま》添守（ママ）等が勤務し引きつづき関係学校交替により奉護に当たることになった」（傍線は筆者）と記されており（同前書）、それを裏づけるかのように、喜久山添采《てんらい》は「教頭の立場上、真境名《まざきな》校長に随行して、御真影を羽地村稲嶺国民学校へ奉遷し」「しばらく経って」「県の教学課からオーシッタイ部落に設けられたご真影奉護所に来てくれということになって、県立一中の藤野秀夫（ママ）校長や女師一高女の仲宗根政善教諭らとともに、しばらく奉護生活を送っていた」。「やがて渡嘉敷真睦先生を隊長に常勤の奉護隊が設けられたので、私はそのまま山原での避難生活を送って終戦を迎えた」（傍線は筆者）と回顧する（新里清篤『回想と提言　沖縄教育の灯』）。

奉護隊を渡嘉敷真睦隊長ら九名に引き継いだ藤野憲夫校長は、教え子たちで編成した一中鉄血勤皇隊《てっけつきんのうたい》と戦場をかけめぐり負傷、ひめゆり学徒隊が従事していた南部の伊原《いはら》第一外科壕で息を引きとった。仲宗根政善はひめゆり学徒隊を引率し南部で鉄の暴風を体験、多くの教え子が犠牲となる様子を目の当たりにした。一方、奉護隊を引き継いだ九名は、それ以外の多くの教職員とともに御真影を奉護しながら北部（やんばる）の山中をおよそ八〇日間さまようことになる。

奉護隊と共にいた人たち

県首席視学の永山寛が述べた「第三中学校の少年約十名を補助員として配置する計画」の一人に選ばれた屋比久浩《やびくひろし》（当時一五歳）は、父の屋比久孟林《もうりん》が国頭《くにがみ》地区を管轄する県視学だったこともあり、母の和《かず》を含む家族で大湿帯へ向かった（二〇〇八年の筆者聴き取り。以下引用は記さない）。また、同じく県視学の中山興真《なかやまこうしん》（後の琉球政府文教部視学官）が屋比久家と合流し、ほかにも国頭《くにがみ》地方事務所長仲村兼信《なかむらけんしん》（後の琉球政府警察局長）、那覇市の私立開南《かいなん》中学校校長の志喜屋孝信《しきやこうしん》（後の初代沖縄民政府知事）らが加わった。屋比久家が大湿帯へ向かう様子を屋比久和は手記で残していた（『語り継ぐ戦争　第二集』）。

興真先生と父さんは、命令によって御真影奉護のため源河山の大湿帯に集合することになっていたので、私たち家族も一緒に避難することにした。（中略）興真先生と父さんが馭者《ぎょしゃ》になって源河の村に着いた時には、すでに日は暮れ（中略）大湿帯への道は、細く険しくて、馬車は通れない。幸い、川の向こうに焼け残った民家を見つけ、その前に荷物を下ろして、興真先生と父さんは馬車を返しに戻って行った。御真影奉護隊員として源河山行きの命令を受けていた浩と同期の座喜味《ざきみ》（現渡具知《とぐち》）武一君の二人（中学二年）は、荷物の監視をするため、荷物の間にもぐり一夜を明かした。（中略）三か月余の避難生活が始まった。（中略）戦後の初代知事になられた志喜屋孝信先生が、真っ青な顔で目をきょろきょろさせて奉護隊の様子を見に駆けつけて来られた。何でも、奥様と子供たちを南部（中部か）の壕に残して、命令を受けたのでひとりで急いで来たとおっしゃっていたあの顔が忘れられない。

志喜屋孝信は三月の終わり頃、御真影を担ぎながら那覇から実家のある具志川《ぐしかわ》村に戻ると、壕のなかでも御真影を片時も離さなかったという（『具志川市史 第五巻・戦争編戦時記録』）。その様子を志喜屋孝信の姪にあたる志喜屋初子は「米軍上陸を聞いて祖母や叔母（孝信の妻）たちを壕に残して、叔父（孝信）は御真影を守るため一人で山原に向かった」、「姑は孫をおぶって義弟と一緒に叔父のあとを追いかけて行ってしまった。乳飲み子が先になってしまったので、大あわてで夫と妹との三人で追いかけた」と述べている（同前書）。その状況から察すると、御真影を前もって大湿帯に奉遷することができなかった志喜屋孝信は、いったんは実家のある具志川村内の壕で奉護していたが、四月に米軍が上陸すると乳飲み子も顧みず、慌てて御真影を担いで大湿帯にやってきたのである。

真っ青な顔で目をきょろきょろさせた志喜屋の顔は屋比久浩も覚えており、「志喜屋孝信さんも仲村兼信さんも一緒にいた。志喜屋先生がきた時には疲労困憊していた。奉護隊の食糧を手渡そうとしても『奉護隊ではないので』ということで、食事もあまり口にはしなかった」と述べている。

当時、大湿帯に住んでいた諸見里《もろみざと》（旧姓新崎《あらさき》）豊子《とよこ》も志喜屋孝信を覚えていた。諸見里は「志喜屋校長先生は毎日昼ご飯を食べに家にきていた。捕虜になるときはうち（私）なんかと一緒。うちのじいさんの着物をきて、帽子もうちのおじいの被って行ったよ」と振り返った（二〇〇七年の筆者聴き取り）。志喜屋は、御真影奉護隊からの食糧は遠慮する一方で、新崎家の世話になっていたのであろう。

すべての御真影をやんばるへ

御真影のやんばる奉遷

沖縄島およびその周辺離島の国民学校に安置していた御真影は一九四四年一二月〜四五年三月にかけて稲嶺国民学校、もしくは羽地村（現名護市）源河山奥の大湿帯に運ばれたことは前述した。大湿帯へ最も遅くやってきた御真影は、志喜屋孝信が担いできた開南中学校の御真影だと考えられるが、それぞれどのようにして運ばれてきたのか、いくつかの事例をみてみよう。

南部の糸満国民学校教員の端山敏輝は「一二月二三日午后四時登校。職員会。明朝、御真影奉遷の護衛として羽地村稲嶺国民学校へ出張を命ぜられる」とあり、翌日朝出発、「羽地村稲嶺国民学校着」。御真影を奉遷すると、帰りは名護の厚養館《こうようかん》に宿泊し「二五日に糸満国民学校に戻り、宿直の平敷《へしき》慶範訓導と泉川《いずみかわ》訓導に謄本を引き継いで無事任務完了」と述べている（沖縄師範学校龍潭同窓会編『傷魂を刻む―わが戦争体験記―』）。

また、那覇市から遠望できる渡嘉敷島の警察職員比嘉《ひが》喜順は「二月頃と思うが、国民学校の御真影を本島に奉還して行ったことがあった。これは県庁から命令が出たと思う」「渡嘉敷国民学校の校長と、高等科の先生二人と私の四人で御真影をお守りしてポンポン船で本島に渡った。本島ではこの頃《（ママ）》はバスなどは運行していなかったので、歩いたり拾い車をしたりして国頭の羽地村源河にあった国民学校にお届けした」と振り返る（『沖縄県警察史　第二巻（昭和前編）』）。

先述した新里清篤は永井視学に副隊長を依頼される前、勤めていた瀬底国民学校の御真影を避難させるため、警護役に五名の高等科二年生を選出し、ともに稲嶺国民学校へ奉遷していた。新里は「十二月末の某日、私たちは奉護中の御真影を本島へ奉遷することになった」、「完全隠密のなかで、海を渡らねばならないのである。渡し舟は乗客十名ほどで、舟べりが海面すれすれ」、「乗客の一人が少しでも動くものなら舟はたちまち転覆の危機に遭う」、「万一、渡し舟が沈んでしまうと、学校長の職責上、私は御真影を抱いたまま、この世にお別れをする覚悟でいた」、「その時の奉遷に随行し、奉護の防空壕堀に協力したのが区の各班長の任にあたっていた高等科二年の仲松正林《なかまつせいりん》、仲田《なかだ》元厚、上間《うえま》荘一、島袋《しまぶくろ》盛愼、上間文盛君であった」（傍線は筆者）と回想する（『瀬底小学校創立百周年記念誌』）。高等科二年生は一三〜一四歳にあたる。

その一人の仲松正林は、筆者の「この記述どおり奉護壕を掘った?」という問いかけに、「新里先生のいう防空壕掘りはやっていない。僕たちが着いたときにはすでに掘られていた」と述べ、島袋盛慎も「掘っていない」と振り返る（二〇〇八年の筆者聴き取り）。

また、仲松・島袋らは新里と一緒に二度大湿帯に行っており、「大湿帯には二月にも行っている。よく覚えているのは、（奉護）壕の前で、新里先生が教育勅語を大きな声で謳い、僕たちは直立不動して、それを聞いていたこと。なんで、あんな山奥でこんなに大声でやるのか。後から考えるとおかしいが、もしかするとあの時は紀元節（二月一一日）だったのではないか」と振り返る（二〇〇八年の筆者聴き取り）。

沖縄島北部の本部半島内にあった各国民学校の御真影は、トラックで回収しながら奉遷したという。屋部《やぶ》国民学校の教員だった山本厚昌《やまもとこうしょう》は「（御真影を持って）行ったのは」、「日時は覚えていないが一〇月空襲の後だったと思います。御真影は四つだから（明治・大正・昭和天皇・皇后か）、二つずつくっつけて白い風呂敷で包んで、これを箱の中に詰めて、教育勅語と戊辰詔書《ぼしんしょうしょ》といって関東大震災のときの詔書、それから国民学校が精神的理由で国民も作興しないといけないといって国民作興の詔書。箱は桐でできていて、薪を背負うようにして両肩からかける」、「軍のトラックで本部半島を巡って源河の営林所まで行った」、「各学校ではひとりずつ奉護隊員がいて御真影を背負いトラックに乗った」と述べている（『戦後五〇周年記念　名護市戦没者名簿―未来への誓い―』）。山本の証言からは、御真影だけでなく教育勅語や詔書なども運んだと推測する。

子どもがみた極秘の御真影奉遷

御真影の奉遷は極秘扱いだった。那覇市の県立一中生だった仲地清雄（当時五年生）は「一中奉安殿の天皇・皇后の写真を国頭に移送する際、写真の集結場所になっていた崇元寺《そうげんじ》交番前まで運んだ」という。その際に「藤野校長の乗った人力車の前に二名、後に二名、生徒たちが着剣した銃を担い、物ものしく警護しながら崇元寺に向かった」と述べ、「（校長は）白い手袋をはめ」、「紫の袱紗《ふくさ》につつんだ写真を目の高さに捧げ持った」と続けた。しかし、その様子はすれちがう軍の将校らがみており、「おそらく気づいていたのだろう歩行を停止して人力車が通り過ぎるまでの挙手の礼をしていた。崇元寺交番前に集められた写真は軍のトラックで国頭に運んだ」と述べている（兼城一編著『沖縄一中・鉄血勤皇隊の記録（上）』）。

崇元寺交番前に集められた御真影は、軍のトラックに乗せられ稲嶺国民学校に到着した。羽地国民学校に通っていた金城良子は、学校の前を軍のトラックが通過する時、「ある日、兵隊が（きて、）御真影が通るので全員、道に出て並べという。みなで並んでいるところを御真影が通りかかった時に、その前を末妹のトミ子が反対側に渡った。さあ、大変、後で母はジュンサヤー（派出所）に呼ばれて」と回想している（『田井等誌』）。そのできごとは島袋徳次郎《とくじろう》（当時九歳）も覚えており、「親もジュンサ（警察官）に呼ばれてとても問題になった」と振り返った（二〇〇七年の筆者聴き取り）。

御真影の到着地である稲嶺国民学校でも子どもたちが校門前に並ばされた。校長の息子である阿波根直誠《あはごんちょくせい》（当時五年生）は「軍のトラックに大きな金庫のようなものが（稲嶺国民学校に）乗せられてきた。私たち子どもは全員、校門前に並ばされて、それをお迎えした」と回想する（二〇〇八年の筆者聴き取り）。極秘扱いの御真影の奉遷は、北部（やんばる）の子どもたちにとって、印象深いできごとだったのである。

『地方自治七周年記念誌』によると「女子師範学校の大奉安庫を稲嶺国民学校に移し」とあり、阿波根のいう「金庫のようなもの」とは、おそらく女師・一高女にあった大奉安庫だと考えられる。実際に女師・一高女には、大きな「金庫のようなもの」があったことが確認されている（二〇二〇年ひめゆり平和祈念資料館にて確認）。

阿波根直誠は「御真影は、職員室の一角に集められていた」、「金城珍徳先生の他に六～七名くらい大人がおり、その人たちが交代で宿直していた」と述べており、当時小使い（用務員）だった島袋良子（当時一六歳）は「どのように持ち運ばれたのかはわからないが、職員室にあった」と振り返る。

沖縄島および周辺離島をあわせ、一二〇葉余りの御真影が稲嶺国民学校に奉遷されたと推測する。

奉遷のための子どもの役割

子どもたちは御真影を山深い大湿帯まで奉遷するため道普請を強いられていた。三中生の屋比久浩は「大湿帯までトラックを通す目的で道普請をさせられた。おそらく大金庫のまま御真影を運ぶためだったのではないか」と振り返る。当時、羽地国民学校に通っていた嘉数基順《かかずきじゅん》（当時一三歳か）は「生徒を並べて、ザルを持たせて手渡しで土を運んだ。何百メートルだった。四年、五年、六年生とどのくらいの人数かわからないが、源河から入って、私は有銘《あるめ》（集落）の方に近いところで道普請の土を運ばされた。子どもたちは田井等《たいら》（羽地国民学校生徒）だけでは足らず、おそらく源河分教場や屋我地《やがじ》島の子どもたちも動員されていたかもしれない」と振り返る（二〇〇八年の筆者聴き取り）。結局、道路は完成することはなく、稲嶺国民学校の子どもたちは、何モノかを白い風呂敷に包んで、稲嶺国民学校から大湿帯まで直線にして片道約七キロの山道を徒歩で運んだという。当時、高等科二年生だった宮城《みやぎ》ナエ（当時一四歳）は「高等科一年と二年生で四、五名で班をつくり稲嶺国民学校から源河大湿帯まで。大通りではなく、源河の山を越えて川を渡って風呂敷に包んだモノを担いで行った」と振り返る（二〇〇八年の筆者聴き取り）。

稲嶺国民学校に設置された奉安殿のなかには御真影だけでなく詔書など（生徒の預金通帳も）も保管されており、前述した山本厚昌（屋部国民学校教諭）の「詔書なども運んだ」という証言から、おそらく生徒が運んだモノとは詔書や資料などであろう。宮城栄《えい》庄《しょう》（当時六年生）は「モノを運ぶ前に事前に奉護壕まで行ったことがある。おそらく子どもたちに道を覚えさせるためだったのでは」と述べており、宮城ナエも「事前に奉護壕に行ったことは覚えている」と語った（二〇〇八年の筆者聴き取り）。

御真影を担いだ少年

三中生として奉護隊補助員となった屋比久浩（当時一五歳）は「稲嶺国民学校から大湿帯にある御真影奉護所まで、（一九四五年）一月下旬に一度運んだが、また稲嶺国民学校に戻し、三月に米軍が上陸して来るということで、再び、御真影を担ぎ大湿帯まで担いでいった」と振り返る。奉護函の重さは一函二〇《キログラム》もあり、その奉護函を担ぎながら夜中の山道を片道約七《キロ》という道のりを二度も往復していたのである。

屋比久は「一月下旬に運び出した時、満月の明かりを頼りに歩いた。月夜の明かりは、同じ補助員だった渡具知武一も覚えている。御真影を地べたに着けることは許されず、休憩時は木に寄りかかっていた」と語る。一九四五年一〜三月にかけての満月日を国立天文台で調べてもらうと、その日は一月二八日ということが判明した。屋比久の「一月下旬に運び出した」という記憶は、事実に近いと考えられる。

大湿帯にあった県有林事務所を御真影奉護所として改修したことは前述したが、その様子を山本厚昌（屋部国民学校教諭）は「県有林事務所は、畳の間で部屋もきれいにして全琉からきた写真は百を越えていたと思います」と述べている（『戦後五〇周年記念 名護市戦没者名簿―未来への誓い―』）。また、屋比久和も「そこに集められた御真影の数を見てびっくりした。その量は六畳間の天井に届くほどであった。一年に四回（正月・紀元節・天長節・明治節）しか拝謁しない御真影がこんな山小屋に積まれたのを見た一瞬、思わず目頭が熱くなった」と振り返る（沖縄県退職教職員の会婦人部編『ぶっそうげの花ゆれて―沖縄戦と女教師―』）。県有林事務所は御真影奉護所となったことで、畳が敷かれ、壁一面には白い布が張られ、一段上がった場所に御真影は積み重ねられた。

米軍上陸後、奉護隊と少年補助員らは「米軍は夜間攻撃を行わない」とわかると、御真影を壕内の湿気から護るため、昼は奉護壕に運び、夜は県有林事務所（奉護所）に再び戻していたという。奉護隊の粟国朝光は「ひとりに十個くらい、それを大きな木の箱に詰めて、白い布で包んで背負うようにしていました」と語り（『創立百周年記念誌 白椿―越来小学校―』）、副隊長の新里は「だいたい全県のご真影となると、桐の木の奉護函に蔵めて十八函に達する。二函を一組にくくり、包装して、これを九人で背負って避難壕に待避し、日暮れを待って事務所（奉護所か）へ帰る、という日課をくり返していた」と語る（沖縄県平和祈念資料館所蔵「戦時下に於ける沖縄教職員の活動状況」『参考資料』）。前述したが、奉護函は「一函二〇キログラム」なので、二函一組は四〇キログラムの重さとなる。

一方、少年らは奉護壕のなかに入ることは許されなかった。屋比久は「補助員は県有林事務所（奉護所）と奉護壕の間を、御真影を担ぎながら何度も往復するだけで、奉護隊員らから壕入口で御真影を受け取るかたちで運んだ」と回想する。そして「御真影奉護壕の入口近くの谷間を隔てた急斜面に、二人がやっと入るくらいの小屋を立て、奉護壕を警備した」と屋比久は述べる。だが、御真影奉遷の往復は、米軍が名護に上陸してきたことで、何日も続くことはなかったという。

山中をさまよった御真影

米軍上陸と北部進攻

一九四五年三月二三日、米軍は沖縄島に向けて空襲・艦砲射撃を開始するとともに、三月二六日には慶良間《けらま》諸島の阿嘉《あか》島・慶留間《げるま》島・屋嘉比《やかび》島へ上陸した。そして四月一日に沖縄島中部から上陸すると、軍官民あげて建設中だった北飛行場・中飛行場を奪うと同時に、沖縄島を中南部・北部へと分断した。さらに中南部で日本軍と戦闘を交えながら、北部へも進攻してきたのである。

奉護壕のある大湿帯近くの多野《たの》岳および周辺山中には、少年兵で組織された護郷《ごきょう》隊《たい》が潜伏していた。四月九日には、米軍と護郷隊は対峙することになり、大湿帯にいた奉護隊員らは危険な状況に陥った。

奉焼した明治・大正の御真影

四月初旬、米軍が名護に上陸した直後に、御真影を持ち運びやすくするための方策が練られている。県視学の中山興真は、「四月九日だったと思う。羽地方面に米軍進入との情報で緊急会議が開かれ、現場所は沿道に近くて危険と判断、御真影は台紙から剥ぎ、他は御処理と決定、即時実施した」と述べており（沖縄師範学校龍潭同窓会編『傷魂を刻む─わが戦争体験記─』）、屋比久は「御真影は、台紙などは分厚く和紙でつくられていて、とにかく重かった。最初は先生方で写真を台紙からはずして、全部ひとまとめにした。しかし、それでも多すぎてひとりじゃ持てないタケになるもんだから……」「今上陛下と皇后の写真、つまり現存している人の写真は奉護して、明治とか大正とか亡くなった人たちの写真は焼却しようということになり、それを区別したらひとりで持てるタケになった」と振り返る。そして「御真影奉護壕の上の方に位置する大山祇命が祀ってある境内に、縦横六尺ほど（たたみ二畳位）、深さも六尺ほどの穴を掘った。『海ゆかば』を歌い、涙を流しながら額縁や台紙を放り込み埋めた」と語った。奉護隊の粟国朝光も「先代のものを焼却処分致し（中略）箱は埋めるとか、焼くとかして処分した」と述べている（『創立百周年記念誌 白椿─越来小学校─』）。

屋比久は、「明治・大正天皇の御真影は、壕のなかで先生方が焼却した」と述べ、その時の様子を「私ら補助員は壕のなかに入ることができず、その最後をみとどけることができなかったが、先生方が壕のなかで燃やしている時は煙がすごかった。外で空気を吸ったりして、またなかに入ったりしていた」と振り返る。また『地方自治七周年記念誌』では「焼却作業は夜間、壕内で極秘裏に行なうことにしたのであるが奥深い壕内のこととても空気の流通が悪く、従って焼却作業は非常の困難を極め約八時間に及ぶ長時間を要し暁に至って漸く完了したのであるが焼却完了の時には全奉護員殆んど窒息の状態であった」と記されている。今でも御真影奉護壕の奥には正方形状に掘られた部屋があり、その土壁には黒色のススらしき跡がこびりついている。

二〇〇九年一月、筆者は元沖縄県立博物館・美術館館長の安里進《あさとすすむ》（考古学）と一緒に御真影奉護壕のなかに入る機会を得た。その際に安里は「燃やした跡のススを剝ぎ取ろうとした形跡ではないか」と筆者に述べた。「極秘理」扱いの御真影奉焼は、その痕跡すら抹消しようとしていたと考えられる。

さまよった御真影

明治・大正天皇の御真影を焼却した後の四月一〇日、三中生ら奉護隊補助員は解散命令がだされ、屋比久と同級生であった渡具知武一の二人だけが残ることになった。そして奉護隊は御真影奉護壕を放棄し、さらに丘陵一つ隔てた山中に足を踏み入れた。

新里清篤は「四月十日、折からの大豪雨をおかして谷一つ隔てた、更に山奥の東《ひがし》村有銘国民学校の勅語奉安小屋に移り」と述べている（『地方自治七周年記念誌』）。屋比久は「奥の方に行くと、小さな川がありその岸向こう側に有銘国民学校の立派な小屋があった」。「県有林事務所の職員が、さらにその東側の山手の方と、逆の西側の山手の方に奉護所（県有林事務所）から剝がした戸板で小屋をつくり、その三ヵ所の小屋を行ったり来たりしていた」と語る。

有銘国民学校の立派な小屋とは、有銘国民学校の御真影を避難させていた独自の奉安所のことである。十・十空襲後、有銘国民学校は当時の高等科一・二年生の子どもたちを使って大湿帯の山中に御真影を避難させるための奉護所をつくっていた。その奉護所は一月下旬くらいにはすでにつくられており、校長島袋朝《ちょう》穏《おん》家族と教員座《ざ》間《ま》味《み》（現新里）朝《とも》子《こ》らが有銘国民学校の御真影を奉護していた（二〇〇八年の筆者聴き取り）。

一つにまとめられた御真影はリュックのような奉護囊《のう》に納められ、有銘国民学校奉安所・その東側の小屋・西側の小屋と、およそ八〇日間もさまようことになる。その八〇日間は、食糧確保が日々の日課となり、奉護隊とともにいた中山興真は「食糧の窮乏は粥の二食となり、やがてへごの芯も採るに至って」と回想する（沖縄師範学校龍潭同窓会編『傷魂を刻む―わが戦争体験記―』）。新里朝子は、「新里と一緒に有銘や慶《げ》佐《さ》次《し》にまで食糧を探しに行った。特に金城珍徳先生は、東村出身だったので、食糧確保に奔走していただいた」と振り返る（二〇〇八年の筆者聴き取り）。屋比久も「珍徳先生が食糧を確保してくださったので助かった」と述べている。

奉護隊らは、食糧確保のために日々奔走しながら御真影奉護の任務にあたる一方、毎日の「拝礼」も欠かさず行った。屋比久は「奉護嚢（御真影）は、毎日小屋の東側に掛けられ、朝になるとその奉護嚢に手を合わせた」と語り、中山興真も「（台紙を剝ぎ取った）翌日奥地に小屋を新築以後毎朝軽くなった御真影の袋を木の枝に掲げて勝運を祈った」と回想する（同前書）。また、奉護隊の伊集盛吉も「四月二九日の天長節には、米軍に追われながらも拝賀式をおこない『君が代』を唱った」と述べている（兼城一編著『沖縄一中・鉄血勤皇隊の記録（上）』）。

奉焼した昭和天皇の御真影

六月下旬になると、奉護隊に沖縄島南部の戦局が伝わった。奉護隊の喜友名は「近くの多野岳には日本軍がおり、無線機を持っていたので、沖縄の戦況は伝わってきました」（『上勢頭誌　中巻通史編二』）と述べ、新里も「奉護所を離れること約四キロの俗称ターヌワタイに疎開していた沖縄新報総務部長の上地《うえち》一史《かずふみ》君（後の沖縄タイムス社社長）を随時訪ねては情報を得ていた」と語る（沖縄師範学校龍潭同窓会編『傷魂を刻む―わが戦争体験記―』）。そして「（そのおかげで）沖縄の戦闘が終わっているということ」を知ったという。大湿帯山中には警察官らもおり、偵察や日本軍・護郷隊らと情報交換を行っていることが判明している。沖縄島南部の戦局が大湿帯山中に伝わることは容易だったのである。

六月下旬、第三二軍司令官牛島満《うしじまみつる》、参謀長長勇《ちょういさむ》の自決も伝わった。奉護隊は、御真影の処置について話し合っていた。喜友名は「御真影の処置をめぐって隊員の間で二、三日議論した。奉護隊を解散するかどうか、御真影をお護りするか、それとも焼却するのか」と述べ、新里清篤は「六月二九日、彼（上地一史）から、牛島軍司令官、長参謀長らの自刃と沖縄戦終結の正式連絡を護郷隊長村上《むらかみ》大尉から受けたことを伝えられ、これを渡嘉敷隊長へ報告し、翌三〇日を期して、御真影を焼却することにした」と回想する（新里清篤『回想と提言　沖縄教育の灯』）。

屋比久ら御真影補助員らは、今上天皇・皇后の御真影の奉焼に立ち会いすることができず、離れた場所からそれをみており、「奉焼場所は有銘国民学校奉護所の前を流れている（小さな）川沿いで行った」と振り返った。『地方自治七周年記念誌』によると、「全奉護隊員、志喜屋氏、仲村兼信氏の外、奉護期間中奉護員の身の回りから炊事一切の事に当たり共に果された渡嘉敷隊長母堂《ぼどう》夫人が加わり、皇居遥拝、国歌斉唱を行ない、終って渡嘉敷隊長の手によって御真影の一葉に火が点ぜられたのであったが全く御真影を焼却し終えるまでの嗚咽の声と頬を伝った涙の思い出は一生忘れ難いものであろう」と記されており、奉護隊員の山城亀延も「全奉護員のむせび泣く声と、頬を伝わって流れる悲痛の涙は、今も私の脳裡に深く鮮烈に、ありありと刻み込まれている。一生涯忘れることが出来ない」と述べている（山田実・外間政太郎編『親父たちの戦記』）。

沖縄において、一八七九年から続いた皇民化教育の末路であった。

投降した奉護隊員

御真影を奉焼した後、奉護隊は解散した。屋比久は家族で大湿帯にきていたため、解散後家族の元にもどっている。そして源河のハジウスイという場所に向かったという。その時の様子を屋比久の母、和の手記でみてみる。

戦況は悪化するばかりであった。ついには、迫撃砲が周辺の山にも打ち込まれるようになった。ドーンという音がしたかと思うと、ヒュルヒュルと木の葉をかすめて砲弾の破片が辺りに飛んでくる。沖縄守備隊の玉砕の報せがもたらされて、奉護隊も解散を決定、三々五々と別れていった。私たちも山を降りることにした。残った食料は浩に担がせ、私は家財道具を背中に担ぎ、病後の父さんは進《すすむ》をおんぶして、妹の松ちゃんが避難していると聞いていた源河のハジウスイという所を探して行った。夏の七月と言うのに、浩には父さんの袷《あわせ》の着物を短くして着せ、父さんと私は冬物の寝巻きを着て、山道を登ったり降りたりして、ようやく辿り着いた。そのとき、勲《かおる》は六歳、進は二歳を過ぎたばかりだった。

屋比久は「着物を短くしたのは米軍に子どもに見られるようにした」と振り返る。しばらく経って屋比久家は、ハジウスイにいた大勢の避難民と一緒に山を下りている。米軍に投降する様子は奉護隊の喜友名朝亀が回想している（『上勢頭誌　中巻通史編二』）。

六月三〇日に御真影を焼却した。だが、この大湿帯一帯には、避難民も沢山集まって右往左往していたので、米軍の迫撃砲攻撃を激しく受ける破目になった。そこで、源河部落に米軍の憲兵隊が駐屯している情報が伝わっていたので、奉護隊から二名代表を送って、攻撃中止の交渉をすることになった。皆から代表で行くように言われたら、断るわけにも行かず、私は避難民代表ということで、七月四日に降参旗も持たずに山を降りてハワイ二世の通訳で、憲兵隊に攻撃中止を訴えました。すると、自分らは迫撃砲を撃っている海兵隊に対して命令する権限はないから、迫撃砲が怖かったらあんた方は山から降りなさいというのです。それで山から降りることにしたのですが、私は投降しないつもりでいたら家族の者はあんたひとり残しては降りれないから、とにかく降りなさいと言われて、志喜屋先生や渡嘉敷先生らも一緒に山を降りたのです。

米軍に投降する記述は、ほかにも「奉護隊副隊長の新里清篤、（中略）七月四日に山を下り」たという記述もあることから（仲宗根源和『沖縄から琉球へ』）、御真影奉護隊員、その関係者らはこの時期に下山し、米軍の指示で民間人収容地区へ入ったと考えられる。

戦場に立たされた教員

鉄血勤皇隊・女子看護隊と共にいた学校長および教員の犠牲者数については先にふれたので、以下では御真影に関連した殉職について述べる。

殉職した学校長

沖縄島の西側、およそ七三キロ離れた粟国島の粟国国民学校長比嘉盛義は、御真影を県庁へ奉遷するため、二月二二日頃、御真影と教育勅語を携え、村営の陽久丸《ようきゅうまる》で出航した。その後、校長は消息不明となっている（『粟国小学校創立百周年粟国中学校創立五十周年記念誌』）。また、八重山諸島に浮かぶ鳩間《はとま》島の鳩間国民学校宇江城《うえしろ》正喜校長は、教育勅語を奉遷する途中で米軍による空襲で犠牲となった（宇江城正晴『宇江城正喜を偲ぶ』）。米軍上陸三日前の三月二八日、金武国民学校は空襲にさらされた。空襲がさらにひどくなることを恐れた糸満盛弘校長は、御真影を奉安室から持ちだし運動場裏手の農場へでたところ、米グラマン機の機銃掃射で犠牲となった（石田磨柱『御真影を死守したふたりの校長』）。

一方、空襲から助けだされた御真影もあった。国頭村にある楚洲《そす》国民学校では三月二三日の早朝、米軍の襲撃を受けた。当時の様子を教員の所谷清子《ところだにきよこ》は「楚洲の部落は空襲ですっかり焼かれ、学校もはげしい機銃の雨となった。男師（沖縄師範学校）一年生の島袋正一君が、顔をススで真黒にして、御真影を抱いて（避難小屋に）やって来たのです。彼の話によると、校長先生と二人で、やっと御真影や重要書類を持ち出すことができた」と述べている（『国頭村立楚洲小学校創立百周年記念誌』）。島袋正一（師範学校一年生）は、入隊の押印を親からもらうため故郷である楚洲へ戻っていた。翌日、島袋は学校へ戻り、鉄血勤皇隊として戦場に立ち一五歳で亡くなった。

戦時下の教員の役割

前述した教員の指導要領『決戦教育の運営』に記されているように、戦時下の学校風景は授業どころではなく、教員は率先して軍の陣地構築・食糧増産などに学童を動員しなければならなかった。当時、羽地青年学校女子生徒の教員だった大城《おおしろ》幸子は、伊江《いえ》島飛行場建設に「老若男女を問わず小学生まで徴用された」と述べ、七〇名ほどの一五～一六歳の女生徒を引率し伊江島飛行場建設に向かったという。伊江島飛行場建設は一回の徴用で二週間を要する。毎日の重労働に対し食事はわずかで、家畜小屋同様の住居だったという（沖縄県婦人連合会編『母たちの戦争体験』）。

兼次《かねし》国民学校を本部宿営地としていた第四中隊の陣中日誌には「（一九四四年）八月一五日 火曜日 晴れ（中略）八時より大隊本部に於いて配当せらる作業協力隊員及び学童を含む二〇〇名受領する」。「八月一七日 木曜日 晴れ 日本兵一〇七名、協力隊員七九名、学童九一名、各小隊の兵は一般に各個掩体《えんたい》を構築し協力隊員及び学童は交通壕を構築する」と記されている。陣中日誌に記された人数を、八月一五～三〇日の一五日間を合わせると、延べ人数は協力隊員一九八七名・学童一七六三名、総数三七五〇名となる（防衛庁防衛研究所所蔵「陣中日誌 独立混成第十五聯隊第四中隊 自昭和十九年八月一日 至昭和十九年八月三十一日」）。多くの戦争体験者が「毎日、壕掘りと陣地構築ばかりだった」という証言は、この数字からも読み取れる。教員は、学童動員に積極的に関わっており、軍から要望された人数をだすために、同じ生徒を何度も動員させなければならなかった。

疎開・退職も許されなかった教員

女性教員の場合、学童疎開の引率以外に家族で本土疎開すること、もしくは退職することも許されていなかった。彼女らの多くは家族と一緒に戦場をさまようか、もしくは北部疎開に限られていたのである。

各学校長宛てに八重山支庁がだした、次のような通知がある（沖縄県平和祈念資料館所蔵「戦時下に於ける沖縄教職員の活動状況」『参考資料』)。

総親第二二三号

昭和十九年八月二十八日

八重山支庁長

各町村長

各町村農業会長

各国民学校長　　殿

各青年学校長

引揚並疎開の為の退職に関する件

引揚並疎開の為の県職員の退職に関しては左記の通決定相成候に付

貴校に於ても右に順じ措置相成度此段及依命通牒候也

記

緊迫せる現時局下県職員は極めて重大なるを自覚し確固不抜の信念を以て県民の指導

に当らざるべからず而して此の際県職員の退避的疎開は絶対に之を排すべきにして此

の為退職は原則として認め得ざるものとす

但し高年者又は女子職員にして真に已むら得ざる事情ある者に対しては之を認むるも

のとす

以上

県は支庁を通じ全県下の学校に右記の通知をだしたのであろう。多くの男性教員は戦場へかりだされているので、本通知は高齢の教員や女性教員が対象と考えられる。女性教員はよっぽどの理由がない限り、県外疎開も退職することも許されなかったのである。

本土での御真影の末路

最後に、日本本土決戦が実際に行われていたら全国各地ではどのような御真影奉護態勢となっていたか、戦後の御真影の扱いはどうなったか、以下にみていく。

前述したように、文部省は全国の各学校に『学校防空指針』を通達しており、特に主要な地域では御真影の疎開が始まっていた。小野雅章は、「『学校防空指針』以後、東京、京都、名古屋等の主要都市は、御真影の奉護を目的とした集団奉遷を計画、東京都下三五区の国民学校、中等学校では西多摩《たま》郡下国民学校四校に集団奉遷をおこなった」と述べている（小野雅章『御真影と学校』）。

そして戦局の悪化は、米軍による空襲が各地で激しさを増してくると全国的に知れわたるようになり、敗戦間近には広島・長崎に原爆が投下された。小野は、「日本が壊滅的状況に陥っているなか」「人命よりも写真一枚が遥かに重視されていた」とし、その根拠を原爆が投下された後に広島工業専門学校長北沢忠男《きたざわただお》が文部大臣太田耕造《おおたこうぞう》宛に提出した「御真影奉遷ノ件報告」（八月一六日付）を紹介している（同前書）。

そこには、御真影は原爆投下前に広島県安佐《あさ》郡伴《とも》村の伴国民学校奉安殿で安置されていることが記されており、北沢は「敵機空襲の所あるため本校奉戴の御真影御影は七月二十一日附広島県知事の承認を得て左記の通り安全場所に奉遷し御異状なく奉護致候条、此段及報告候也」と、文部省に安全な場所に移したので異常なく安心して欲しい旨を報告していた。小野は、「人の命よりも、御真影がはるかに優先された戦時下」「これこそが、究極の御真影『奉護』の姿であった」と断じている（同前書）。

米軍が本土に上陸し地上戦が行われた場合、各学校長・教員はおそらく沖縄と同じような状況に陥っただろう。

一九四五年一〇～一二月にかけて連合国軍は、学校から軍国主義教育・国家神道を排除するため、いわゆる教育に関する「四大改革指令」を発表した。御真影や奉安殿は、そのなかの「神道指令」にふれることになる。

佐藤秀夫は、「学校の御真影に関していえば、陸軍大元帥大礼服を着用した天皇の写真が、無条件降伏下で軍が全面武装解除し解体してしまった状況にふさわしくないばかりか、まさに大元帥としての責任問題を想起させる危険性を帯びていた」とし、「宮内省は、四五年十一月、天皇制の改正に伴い、新服制による写真の取り替えを理由にして、従前の大元帥大礼服御写真（御真影）を回収するとの次官通牒を発し、これを受けて十二月文部省は学校御真影の奉遷と、来る一月一日学校儀式での旧御真影の奉掲を禁じる旨を、地方長官に通知した」と述べている（佐藤秀夫編『続・現代史資料八　教育・御真影と教育勅語一』）。宮内省は、天皇の服を「大元帥大礼服」から「御服装」に着替えさせることを理由に、全国から御真影を奉遷させたのである。

佐藤は「公私立分校は道府県の責任により、官立分校は文部省の責任をもって、それぞれ奉焼され」、「奉焼に際しては、『現下の国内の情勢に鑑み努めて内密に執行はしむるべきは勿論なるも之が実施に当りては尊厳鄭重《ていちよう》　苟《いやしく》も軽に失するが如きこと無き様』に指示（一九四六年一月　宮内次官通牒）」、「例えば、府県庁裏手の空き地に深い穴を掘りその穴の中で密かに焼却するなど、なるべく人目に付かないように配慮して実施された」（同前書）と述べている。集められた御真影は奉焼され、「御服装」に着替えた御真影も各学校に戻ることはなかった。

戦争孤児の戦後

戦争孤児対応の実態

戦争孤児のはじまり

一九四五年四月、沖縄島中部へ上陸した米軍は、即座に米軍政府を発足させ、奪った日本軍飛行場を本土決戦に向けた米軍飛行場へと建設を進めるなか、南部へ日本軍を追い詰めた。そして北部では、中南部の戦場をさまよっていた避難民を強制収容させるため民間人収容地区を設置したのである。日本が敗戦を迎えた八月末時点で米軍が収容した住民の人数は、一二ヵ所の民間人収容地区を合算すると約三三万名にのぼる。そのなかで家族とともにいた子どもは、米軍が用意したおにぎりを目当てに、収容地区に設置された簡易な学校や青空教室へ徐々に参加するようになった。米軍の学校設置目的は、子どもたちが親や頼れる親戚らを求め再び戦場へ足を踏み入れさせないための策だったと考える。

その後、学校教育が米軍政府指導のもと、初等学校八年・高等学校四年とする八・四制度（一九四六年）が取り入れられると、民間人収容地区内でも本格的な学校が開校され、多くの子どもたちが通うようになった。また、鉄血勤皇隊《てっけつきんのうたい》や女子看護隊で生き残った少年少女たちも、初期にハイスクールと呼ばれた高校へと通うようになる。

一方、戦争孤児となった子どもたちの多くは、親戚・地縁者らに労働力として引き取られた。一九五〇年から三年間、南方連絡事務所（総理府の付属機関）で勤務していた馬淵《まぶち》新治《しんじ》は「特に日米講和発行以前に於ける沖縄県民の苦しみは本土では想像のできない程深刻なもの」と述べており（陸上自衛隊幹部学校『沖縄作戦講話録』）、その県民の少数派にあたる戦争孤児に、米軍政府をはじめ日本政府や琉球政府が特別な手立てを行った形跡はない。戦争孤児は、沖縄戦とは異なった、悲惨で壮絶な戦後を歩むことになる。

数えきれてい
ない戦争孤児

プロローグで、沖縄戦に巻き込まれ犠牲となった戦没者数は不明なままであり、従って子どもの戦没者数も不明だと述べた。それだけでなく、沖縄戦後に現れた戦争孤児がどれだけいたのかも不明のままとなっているのは、いったいどういうことなのか。

視野を全国に拡げながらみてみたい。

昨年、筆者は『戦争孤児たちの戦後史一　総論編』を編者として刊行する機会を得た。

同じく編者の一人である浅井春夫は、「当時の厚生省に、一九四八年九月二〇日付けの『全国孤児一斉調査』資料があり、その総計は沖縄県を除く一二万三五一一名となっているが、各都道府県からでた人数と、その合計数が合っておらず、そのため現在の厚労省に問い合わせしたところ、元となる資料は残っていないという返事だった」と、国のズサンな資料管理を指摘する。

敗戦後に日本政府が行った戦争孤児の保護計画は、敗戦前の一九四五年六月に策定された「戦災遺児保護対策要綱」を踏襲した「保護育成の方法」であった。その内容は、①個人家庭への保護委託、②養子縁組の斡旋、③集団保護（養護施設）の対策などとなっており、浅井は「①、②の具体化は進まず、③に頼らざるをえない状況だった。それにも関わらず、集団保護の確保は全く不十分で」、施設数そのものがまったく足りず、全国孤児数一二万余名の「一〇分の一にも満たない定員数だった。戦争孤児は必然的に『浮浪児』とならざるを得なかった」と指摘する（『沖縄タイムス』二〇二〇年九月一七日付）。

米軍管理下の孤児院

沖縄では地上戦のさなか、米軍政府は一二ヵ所の民間人収容地区のなかに一四ヵ所の孤児院を設置している。だが、その人数や院内の様子を表す米軍側の資料は一切見当たらず、浅井春夫は「おそらく米軍政府のネグレクト政策の隠ぺいではないか」と述べる。

図10　田井等収容地区内の孤児院（1945年6月29日，沖縄県公文書館所蔵）

米軍政府の設置した孤児院の様子が明らかになったのは、孤児院に入所していた当事者らの証言からであった。田井等《たいら》孤児院にいた座覇律子《ざはりつこ》（当時一三歳）は「孤児院には六〇名から七〇名の子どもたちがいて」、六月二三日以降に「連れてこられた子どもはほとんどダメでした。赤ちゃんや小さい子、痩せている子、重態で連れてこられた子、自分の名前もわからない子どもたちがたくさんいました」「両足に弾が貫通して歩けなくなって一日中座っている」「この子どもたちは裸で連れてこられていました」「そんな子どもたちは縁側に寝かされていましたが、翌日にはだいたい死んでいました」と振り返る（『名護市史　本編三・名護・やんばるの沖縄戦』）。また、当時ひめゆり学徒隊として米軍に捕らえられ、コザ孤児院で子どもたちの世話をしていた津波古《つはこ》ヒサ（当時一七歳）は、子どもたちを「寝かせつけて第一日目の仕事がおわりましたが、翌朝、子どもたちをみてびっくり。きれいに拭いて寝かせたのに、髪の毛から顔、手足と体中が便にまみれているのです」「孤児院の仕事は毎日午前中、便の大掃除でそれが終わると、子どもたちにご飯を食べさせたり、お守りをしたりして一日が終わりました。そしてまた恐怖の朝を迎えるのでした」と述べている（ひめゆり平和祈念資料館編『生き残ったひめゆり学徒たち』）。

敗戦直後の八月二〇日、沖縄では米軍政府のもと、戦後初の知事となった志喜屋孝信《しきやこうしん》をはじめ一五名による沖縄諮詢会《しじゅんかい》が発足した。沖縄諮詢会の役割は、米軍政府と住民との橋渡し役であり、そのための行政を敷くことだった。その後、沖縄諮詢会は沖縄民政府（一九四六年四月）となり、琉球政府へと引き継がれていく。

沖縄民政府（志喜屋孝信含め一八名となる）時期の会議議事録がある。その議事録には、米軍政府高官の質問に対し民政府が答えるという軍民連絡会議の内容が掲載されており、例えば一九四六年五月八日付の経済小委員会では、軍政府の「昨日の社会事業課長会議の重要な件は何であったか」の問いに対し、孤児院関連で、又吉康和《またよしこうわ》委員は「養老院・孤児院の費用を節約する。現在一一か所あるが之を五か所に縮小する」と述べている（沖縄県教育委員会『沖縄県史料　戦後二・沖縄民政府記録一』）。さらに軍政府の「養老院・孤児院の予算は何所でやるか」の質問に、同じく又吉は「養老院・孤児院の予算は総務部で編成し軍政府負担とす」と答えており（同前書）、孤児院は予算削減の対象となっていたことがわかる。浅井春夫は「結局のところ子どもの福祉の発展をめざしたのではなく、囲い込み施策をより合理的に推進したにすぎない」と述べており（浅井春夫『沖縄戦と孤児院』）、大人社会の都合で統合されていく戦争孤児たちにとって戦後の歩むべき道はいっそう狭められていった。

また同年六月二八日付の議事録には、軍政府の「孤児院、養老院の食糧は現在（半減配給、軍政府指令により）のまゝでよいか」との質問に対し、志喜屋孝信は「普通の配給の時はよいが半減になる時は困る」と意見を述べている（沖縄県教育委員会『沖縄県史料　戦後二・沖縄民政府記録一』）。

食糧配給が半減された当時の様子が『うるま新報』（一九四六年八月二日付）に掲載されている。

「運動場も甘藷　コザ孤児院の食糧策」

「食糧半減には随分お困りでせう」と院長に問えば「弱って居ります。何とかせねばなりませんが差し当たり六十三人の子供達の生命のためには千四、五百坪であるこの敷地を殆ど耕地に振り向け甘藷や野菜を値付ける積りです」と語った。見れば運動場

一杯殆んど甘藷がのびて居り僅か滑り台やシーソー、低鉄等の周園だけが残されている。(コザ発)

孤児院の子どもたちにとって軍政府の食糧半減は、大きな死活問題だった。

時を経た一九四九年二月二五日付の定例部長会議では、安次富《あしとみ》部長より「救済指令報告」という項目で、運営費が「病院、養老院、孤児院は軍八〇パーセント、民政府二〇パーセントの負担」と記されており(沖縄県教育委員会『沖縄県史料　戦後三・沖縄民政府記録二』)、孤児院は徐々に民政府へと移管された。

琉球政府の戦争孤児調査

日米両政府間でサンフランシスコ平和条約が発効された一九五二年四月、沖縄では琉球列島米国民政府布告第一三号にもとづいて琉球政府が創設された。そして翌年一〇月には日本本土に準じた生活保護法が公布され、さらに翌一一月には社会福祉事業法が制定されている。

生活保護法が公布される三ヵ月前、琉球政府文教局調査課がまとめた子どもに関する資料では、宮古《みやこ》島・八重山《やえやま》諸島を除く沖縄本島および周辺離島において、両親を失った児童・生徒四〇五〇名、母親を失った児童・生徒二八五〇名、父親を失った児童・生徒二万三八〇〇名となっている(平井美津子編『シリーズ戦争孤児三　沖縄の戦場孤児』)。また、琉球政府社会福祉課の調査(一九五四年一月三一日現在)では、一八歳未満の戦争孤児は沖縄島で約三〇〇〇名とも報告されており、その二つの報告書から約三〇〇〇〜四〇五〇名の戦争孤児がいたと考えられるが、この人数の開きと、この人数には石垣《いしがき》島・宮古島は入っていないことから、当時の米軍政府・琉球政府は悉皆的な調査は行っておらず、多数の戦争孤児が漏れていると考えられる。琉球政府は日本国から切り離されたことで独自の道を歩むこととなったが、行政・法律の施行のあり方や整備は日本本土に準じたこともあり、結果、沖縄戦で生まれた戦争孤児も前述した本土と同じ道を歩むようになったのである。

証言からみた戦争孤児の戦後

沖縄戦で生まれた戦争孤児の戦後調査で判明したことは、多くの戦争孤児は行くあてもなく、①浮浪児となるか、②孤児院へ入るか、③親戚に引き取られるかのいずれかである。なかでも多くの子どもたちは親戚に引き取られ、引き取った理由は労働力という位置づけが多かった。彼らがどのような戦後の暮らしをしていたのかを証言でみてみよう。

妹を抱えて生きた少年

はじめに、上間幸仁《うえまこうじん》（当時一二歳）の証言を紹介しよう。

父は兵隊にとられ中国で亡くなった。沖縄戦当時、母と母の妹と私、そして三ヵ月の赤ん坊の妹ヒロコと一緒だった。

米軍からの艦砲射撃にあい、母親は直撃弾を受けての最期だった。母親は、この子どもたちをどうしようかといいながら亡くなった。四月二日だった。その時に母の妹も亡くなり、私はヒロコを抱えながら、どこに逃げようかと思い、集落のみんなが避難しているところに行った。

そこには一三〇名ぐらい集まっていたが、そのなかに入ると、妹のヒロコはひもじいので泣く。すると周りから、アメリカーにみつかったらみんな殺されるから「赤ん坊を殺しなさい」といわれた。自分の妹を殺すわけにいかないと思っていたら、今度は「あんたがやらなかったら私が」という人が二、三名でてきた。大人たちが……。こんなところにいたら大変だから人がいないところに行こうと思って、古いお墓の入口が開いていたので、そのなかに入っていた。ヒロコはしょっちゅう泣いていた。あの時は小雨・霧雨が降っていた。墓前のお供え用の茶碗に水が溜まっていたので、それにタオルを浸してヒロコの口に当てると吸う。しかし最初は吸っていたが、しばらくすると吸わなくなった。墓のなかで、死んだオカァを呼んで「あの世があるんだったら、この子を連れてってくれ」て、いっていた。一晩中、オカァに「赤ん坊を連れに来てちょうだいよ」といいながら泣いていた。

翌朝、お墓からでて芋を探しあてたので、やわらかくしてお椀に入れて、その上にタオルをのせて潰し、タオルに汁が着く。瓶に入れてヒロコが飲むかと思ったが、飲むわけがない。

今度は部落に人が残っていると思い、おっぱいをもらおうと思って行った。すると一人の女性だけがいてお願いをした。女性は「あんたのお母さんにはお世話になったので、おっぱいをあげたいが、食べ物を食べていないのでおっぱいがでない」と……。「ごねんね」、といわれて。ヒロコは、最初は泣いていたが、あとは泣かなくなった。そして丸い顔が細くなって、お腹はふくらんで。一週間ぐらいして亡くなった。顔は痩せて目が大きくなって、お腹がふくらんで死んだ。

私のおじいちゃんは戦後の学校が始まるまで生きていた。そのおじいちゃんが生きている間、一日は学校に行った。二日目からおじいちゃんが亡くなったので学校に行くことができなくなった。そしてM家が私を引き取るようになった。親戚だが親戚ではなかった。そこの家族は子どもだけで六名ぐらいいた。私と同級生もいた。最初は、その家族に学校に行きなさいと声をかけられると思っていたが、そうではない。「学校は行かないでいい」と。それから我慢するようになった。朝から晩まで牛・ヤギの一日三回の草刈り。人の手伝いをして手間賃をもらっても私の稼ぎはみんなその家にいった。

今でも思い出すと悔しかったのは、沖縄の集落では、集落の取り決めで畑にでない日がある。それを知らずに「畑に行け」といわれて畑にでた時があった。周りに誰もいない……。私だけが畑にいた。私だけ……。涙でいっぱいになった。悔しくて……。あれから、人から頼まれると何でも引き受けてきた。人がやらないことを進んでやった。人がやらないこと、お金をもらわなくてもやった。すると牛・馬の扱い方を覚えるようになった。

家での食事は残り物。結構みんな残していたのでそれも食べた。みんなはご飯、私は芋という時もあった。寝るところは決まっていない。部屋の端っこ。いろんなところで寝た。

年に一回、父が戦死していたので遺族年金があった。それもみんなその家にいった。一八歳に遺族年金がなくなるとそのまま家をでないといけなくなった。そして那覇《なは》にでた。

大工の下働きとなり、給料がなくてもご飯さえあれば、とやった。三、四ヵ所の棟梁の下で働き、私も棟梁になることをめざして働くようになった。

建築関係の国家試験を受けることになったことがある。だから一日しか行かなかった学校に行って校長先生に卒業証書を下さいといった。あんたはこの学校をでていないからあげられないと……。私は、あげてくれたら試験を受けられるが、なかったら何もできない……。しばらくして校長先生から電話があって卒業証書をもらった。そして国家試験を受けた。実技はお手の物だったが、学科は事典や参考本を買ってきても全然意味がわからない。今でも学びたい気持ちは大きい。学校だけは今からでも行きたいと思っている。

結婚して、子どもが生まれた。しかし赤ん坊はすぐに泣く。赤ん坊の声で妹のヒロコを思いだす。だから妻に「泣かすな」とばかりいっていた（二〇一八年の筆者聴き取り）。

幼少期に両親を失った姉妹

次に戦争孤児となった姉妹の対談をみてみよう。

宮城道代《みやぎみちよ》（当時四歳）：生年月日は小学校二年生までわからなかった。先生に聞かれたので、「わかりません」と答えると、担任の長操先生が役場で調べてくれた。

外間《ほかま》ヒサ子（当時六歳）：私の場合、叔母さんが夏だったと思う、といっていた。「一二月じゃなかった」ということは聞いている。だから違うと思うが……。叔母さんは私を子守りをしていたの、だからその時は夏だったはずよ、と。

ヒサ子：父は出征していたため、戦争当時は三人家族だった。母の名前はヒデ。水難事故で亡くなった。戦後直後の一九四六年二月のこと。あれは戦争のせい。

道代・ヒサ子：私たちは、母の顔も覚えていない。親と生活をしたことはまったく覚えていない。私たちは、屋我地島《やがじ》に住んでいた。お父さんが、戦争から帰ってくるかもしれないからと、「毛布を用意しないといけない」ということで。カマス（ワラムシロでできた袋）にいろんな物を入れていたお母さんに、寂しいから「行くな、行くな」といっていたことは覚えている。朝早くだった。それだけは覚えている。

ヒサ子：この船が積載オーバーだったもんだから、遭難して約一〇名近くが亡くなったと思うんです。それが陸にあげられて、遺体が浜に並べられていた。それをみた覚えがある。それから約五～六㌔ぐらい離れた公民館まで運ばれた。もう死んでいるんだけれども、気休めで人工呼吸をやっていた。だめだった。私は救急処置をやっていたところまでは覚えています。当時母は二六歳だった。

道　代：私も公民館前に並べられていたのは覚えている。救急処置もやって……。たくさん死んでいたね……。母が亡くなってから、私たちは父の兄に引き取られた。その家族の親をお父さん・お母さんと呼んでいた。私は祖母のところで寝て、親戚のところでご飯を食べに行くという、行ったり来たりしていた。ヒサ子は小学校一年生になったら、働けるからということで、私とは別の母方の親戚の家に行かされた。

ヒサ子：私を引き取ったところは五名兄弟。私が一番上だった。私は、使われるためにその親戚の家に行っているから。仕事は厳しかった。大人のすることをみんな一生懸命させられていました。

道　代：大人以上じゃないかな。畑から子守から。その五名は、ずっと年下だからヒサ子は子守をしないといけなかった。子どものヒサ子が、その子たちが病気したら病院に連れて行ったりしていた。いつだったかヒサ子が病院に行くって歩いて。船で沖縄島の羽地《はねじ》村まで渡って。向こう岸から帰る時に船がでないって泣いたことがあったって。

ヒサ子：小学四、五年生の時ですよ。私はよく子守をしながら羽地村に渡って家の子どもを病院まで連れて行った。船に乗って、歩いて。船は途中に墓ばかりある無人島の奥《お》武《う》島に渡って、そこからまた船に乗る。片道二回も渡るんですよ。その間にある島は無人島でお墓がいっぱいあって、渡し船が終わってしまって船がないんですよ。真っ暗なところに置かれて、もう大変だった。大きな声でワーワーワーワー泣いていたら、対岸にいた誰か知らないおじさんが気づいてくれて、もどってきて私を乗せてくれた。一生忘れないですよ。

道　代：三年生の時、ヒサ子（小学五年）と一緒に暮らすようになった。だけどそれまで、どこでどうしていたのか今もわからない。

ヒサ子：私は一度、百日咳にかかって一人でずっと苦しんだことがある。六歳とか、その時はどこにいたのだろう。
ヒサ子：朝から働いた。遠くへ湧水（豆腐づくりに使う水）を汲みに行ったり、芋を炊いてからじゃないと学校は行けなかった。朝早く芋を炊いて、豆腐も鍋にして、芋を炊いたのを移して。また、この豆腐鍋を綺麗に洗っておかないと、学校にも行けない。
道　代：朝四時半、五時に起きてね。薪《まき》もないからマーチバー（松の葉）を燃やして何とかやっていた。そして学校から帰ってきてからは、雑用だった。
ヒサ子：だから同級生たちが、遊んでいた時も川に洗濯に行ったり。遊ぶことは一切できなかった。とにかく五年生までは何をしたかは覚えていないが、仕方がないので一人で我慢していた。雨が降ると薪を取りに行けないから、今度は浜辺に行ってアダンの枯葉を引っ張ってきて、豚のエサを炊いたり。
道代・ヒサ子：勉強するどころじゃないです。勉強できないです。
道　代：形だけ、学校に通っていた。学校から帰ってくると、芋を収穫した後の畑に行って、残った小さな芋をとってきて、芋煮を自分でつくった。
ヒサ子：何でもとにかくとってきて、自給自足するのが大変でした。お腹いっぱいご飯を食べるっていうのはなかった。

道　代：そして ヒサ子は中学校卒業後、中学の石川先生宅に家事手伝いとして一年ぐらい預けられている。これも口減らしだった。親に怒られるのはいつもヒサ子だった。私は怒られないようにしていた。

ヒサ子：生きていれば何でもいいんだよ。私は中学校に上がった時、何回死のうと思ったか。七、八歳の時に思っていたかはわからないが、中学生になってから。同級生が親と仲良くしているのをみたら羨ましくて、私なんか親がいないので話もできない……。

道　代：わかる……。

ヒサ子：とにかく苦しいから、タオルで首を絞めようとした時が何回かありましたね。でも今はね、どうっていうことないし。

道　代：ただ、元気だったから生きていた。病気しなかったから生きていた。

ヒサ子：私も、中学三年生の時なんかずっと、できあがった豆腐を担いでね。親が行けない時には豆腐を担いで「買いませんか」って。買ってくれるところを探さないといけないので、これがとってもきつい。何をしたかを覚えていないくらいいろんなことをやっていた。

ヒサ子：一八、九歳だったか。土建会社で働くようになった。飯場で二〇名分くらいのご飯をつくって、二ドルで洗濯を毎日やったり、いろんなことをやりました。とにかくなんでもやりました。

道　代：私はこの時は高校一年だからね。

ヒサ子：沖縄県立那覇商業高校ですよ。

道　代：私は、那覇ってどんなところかもわからないのに那覇商業高校に受かってしまったわけよ。だからそれからがもう大変でした。どこに住むのか。従姉妹の子どもでヒサ子と同じ歳の姉さんと、その弟で私の同級生。あの頃、開南《かいなん》（現那覇市）のカトリック教会の下の方に四畳半の部屋で三名で生活することになった。姉さんを真ん中にして寝たりしていた。今考えると、大変なこと。風呂もなく、時々近くの銭湯へ行ったり、夜中に大家さんの作業場のシャワーを借りていたと思う。家賃は四ドルか五ドルくらいだった。朝起きたらもう食べるものもなくて……。三九キログラムまで痩せた。そして一年生の二学期からは二人が引越したので私一人になった。

ヒサ子：ほんとうに痩せていましたよ。

道　代：就職は、最初は県内の銀行を受けたんです。商業高校は県内の銀行をみんな受けていたので、私も試験を受けたら落ちてしまった……。ある日、校長室に呼ばれ、先生が「一次、二次、三次まで受かったのに四次で落ちた。両親がいないからしょうがない。これも人生かな」って言われた。これはショックでしたね。親がいないからって。その後、公務員試験に受かったんです。そして屋我地郵便局に採用されました。そこがスタートでした。初任給が三四ドル一〇セント。もう大きかったですよね。これ全然忘れないですね。その内の三〇ドルを親にあげた（二〇一八年の筆者聴き取り）。

最後に、外間亀吉《ほかまかめきち》（当時八歳）による証言を以下に掲載する。

私は、戦争がウスマサヤマチラカシ（すべてをこなごなにした）たと思う。米軍は首里《しゅり》から攻めてきた。故郷の人々は、米軍が首里から攻めてきた時に避難し始めた。その一、二日前にチリヂリバラバラに避難していた。

戦時を鮮明に記憶する少年

両親と私を含めた兄弟三名のあわせて五人で故郷から逃げようと思った。最初はフチヤマという大きな自然壕に四、五日ぐらいいた。日本軍が入ってきて「出なさい」といわれ壕を追いだされた。それで阿波根《あはごん》という部落に行った。そこの馬小屋に四、五日ぐらいいた。その時はお昼頃だったが、父は夕飯をつくりに行くといって、煙がでてしまい、米軍のトンボ飛行機にみつかった。それから集中攻撃を受けてしまった。艦砲からも。首里から攻めてきた米軍からも攻撃を受けた。

それから馬小屋の屋根がすっとんでしまって、うろうろしながら水が溜っている近くの防空壕のなかに逃げた。私はその時に怪我したが、その痕がまだ残っている。姉さんも眉の部分に怪我をした。

アメリカーは鉄砲を持って、私たちを探しにきた。みつからなかった。非常に怖かった。その時は、米兵はみていない。オールミンタマー（青い目）で鬼だと聞かされていた。

父は、その時に爆撃を受けた。顔の半分がなくなってしまった。鼻も、耳も一つはなくなっていた。そうしたら父が「私はもうダメだから。豊見城《とみぐすく》村の親戚のところにいきなさい」と。私たちはその晩、父を一人残して夜中に我那覇《がなは》（豊見城市）に向かった。

米軍が過ぎ去ってから、父を置いて四名で親戚のところに向かった。たどり着いたが親戚のおばさんは竹槍の先に包丁をくびって、米兵が攻めきたので、それを持って米兵に向かって行った。それで米兵にバラバラ（射撃音）と殺られてしまって……。私たちは防空壕に入った。この防空壕はすごく大きな防空壕で横穴もあった。米兵は私たちの壕に向かって手榴弾を投げつけた。壕のなかは煙で真っ白になった……。何もみえない……。私たちは奥の横穴の方にいたから助かった。米軍は去って行った。

それから一、二日後、母が夕飯をつくりに空家となった家に向かった。そうするとトンボ（米軍偵察機）がまたやってきて、煙をみつけて攻撃され、母が殺られてしまった。母は、お腹をやられて内臓が飛びだしていた。お腹を押さえ、這いずりながら私たちのところにやってきて、姉に「ヤーヤ、亀吉ヌクトゥ考えてトゥラセヨナー（あなたは、亀吉のことを面倒見てやってよ）」といった。母は「イタイヨー、イタイヨー、シヌンドー（死ぬよー）苦しいから誰か殺してくれー」といっていた……。しばらく経ったら息を引き取った。そこで母に土をかぶせて埋めた。

母を埋めて、その日の夜中、故郷に帰ってきた。三名で……。故郷は家も全部焼かれていた。その日の夜中、父が生きて帰ってきた。顔が半分ないのに、撃たれたところから這いずり、故郷まで三日間かかってきていた。米軍から支給されたのか、Cレーション（米軍戦時用食）の開けられた罐詰を持っていた。そして父は、自分は食べずに私たちに手渡した。私たちはそれを食べた。しかし、強くお腹を壊してしまった。ゲリをしてしまった。父は、自分は食べずに子どもに食べさせたかった。それを食べたが、腐っていた。

故郷では、祖母と病気で歩けない姉と、親戚のおばあさんの三名が故郷から逃げきれずにガジュマル（樹木名）の下にいたが一人はそこで亡くなった。その後、父も何もいわずにそのまま息を引き取った。

私たちは、ここで米軍に捕まり捕虜となり、手登根《てどこん》（南城市《なんじょう》）に連れて行かれた。その時までは五名だったが、ここで祖母が亡くなり、姉の一人は病気で歩けないので残ることになった。その姉とはそれっきり会っていない。次姉と兄と私の三名になった。

三名はLST（戦車揚陸艦）に載せられ、太平洋にでて今の辺野古《へのこ》（現キャンプ・シュワブ）に下ろされた。辺野古から大浦《おおうら》まで歩かされた。まだ八歳だのにとても遠い……。姉さんに手を引かされて……向かった。大浦にきた時は、荷物は何も持っていなかった。そのまま。兄も私も。姉さんだけが着替えを一枚持っていたようだ。風呂敷に包んで。食べ物も何もなかった。大浦に行ってから雨に打たれていた。そこではカバヤー（幕舎）に何家族も一緒にいた。寝起きも一緒だった。米軍から食糧の配給が少しだったがあった。でも三名では足りなかった。大浦の海岸に下りて石ころをころがしてカニを捕ったり、大川《おおかわ》の川にはハマグリがいた。あのハマグリをとり、火に炊いて、命をしのいでいた。配給のお米はわずかに手のひらの分量、三名で食べた。そのお米でぼろぼろのお粥をつくって一日分だった。いつもお腹は空いていた。

大浦では学校もでた。でも学校といっても砂浜で、A・B・C・Dといって日本語の勉強ではなくて、A・B・C・Dだった。

大浦で亡くなった人を埋葬した。覚えているのは、私は墓場に向かっている時に笑っていた……。精神異常をきたしていたと思う。その亡くなった人を担いでいく時に、声にはださなかったが私は笑っていた。そして埋めて大浦に戻ってきた。大浦には約一年近くいたと思う。

三名で宜野座《ぎのざ》に行った。宜野座ではカヤブキヤー（茅葺き小屋）の学校に通っていた。それから故郷に戻ることになった。その後、やっと私たち三名は故郷の本家のおじさんのところにお世話になることになったが、姉さんは結婚して会うことはできなくなった。

兄と私の二人で本家のところで世話になった。本家の屋敷内の庭にカバヤー（幕舎）がつくられそこで暮らすようになった。しかし、兄がいなくなった。私は小学生だが一年間、このカバヤーで一人で暮らした。食べ物は芋一個で一日を過ごした。あの時は小学校四、五年生の頃だった……。

あの時からは製糖工場が始まっていたので、製糖工場で働くことになった。学校から帰ってくると馬の草刈りをやって、サーターグルマ（サトウキビ搾り機）では馬の尻をバチで叩きながら動かした。中学三年まで本家でお世話になった。本家のおじさんが自分の子のように面倒をみてくれた。

中学を卒業してから、親戚のところで風呂屋のカマ焚きとして働きだした。二つのお風呂屋さんで三年間、一八歳まで働いて、でることになった。理由はいじめられたから。しょっちゅう殴られた。暴力を振るわれた。なぜかわからないが、おそらく私が気にくわなかったんだろう。一緒に住めないと、山下町《やました》（呼称：ペリー）で下宿生活を始めた。わずかな貯蓄でアマハジグヮー（雨をしのぐ程度の部屋）を借りた。

そして米軍の仕事がたくさんあると聞いたので、軍雇用事務所（現駐留軍等労働者労務管理機構）に行った。試験に受かって働きだしたら三ヵ月ですぐに首となった。米軍が予算を使ってしまったことが原因だった。そしてしばらく経って、また軍雇用として基地で働いた。軍では約二〇年間務めた。退職した理由は、陸軍とマリン（海兵隊）の入れ替えがあったから。その時に陸軍に働いていた人たちが整理解雇された。その時、沖縄は復帰していた。日本円で退職金をいただいた。軍を退職してから農業を始めるために土地を買った。

孤児からここまできたことは、ほんとうの苦労は誰も知らないだろう（二〇一八年の筆者聴き取り）。

多くの戦争孤児は同じような暮らしを体験している。

混在化する国家主義と国民主権——エピローグ

「もし、子どもの時に戦争があったら」。その時々を本書で述べてきた。「子どもの時」とは、〇～一八歳までをさす。沖縄戦で召集され学徒隊となった少年少女らは「だんだんと隣りで友だちが亡くなっても何とも思わなくなった」と述べ、戦場を逃げ回る一二歳の子どもは「家族が死んでも何とも思わなくなった……。母が死ぬと、明日からご飯をどうすればいいかと、悲しみより空腹のことを考えていた」と筆者に目を背けながら語った。沖縄戦で体験者が語る「人間が人間でなくなる」状態を、大人だけでなくほとんどの子どもが体験していたのであろう。

戦争を子どもの年代別でみると、繰り返しになるが、政府・大本営が戦えると判断した年代は召集され、他方の戦えない年代は戦争の足手まといとなり、戦場に放りだされていた。本書では、それぞれの少女（女性）が抱えていたであろう内面を深く捉えることはなかったが、戦場に放りだされた女性は「米兵にいつ襲われてもおかしくない」心理状態に陥っており、それを裏づける証言は枚挙にいとまがない。

ある少年は、病気のため歩けない長姉を担ぎながら避難するが、砲弾が飛び交うと長姉を放置せざるを得ず、長姉は米兵に命を助けられる一方で強姦されていたと悔しそうに筆者に語ってくれた。

また二〇二一年、名護市教育委員会が刊行した『語りつぐ戦争 第四集』には「伊差川《いさがわ》にいた時、アメリカ兵は女を強姦しにきた。そうすると、みんなで鐘を叩くわけですよ」（真栄田《まえだ》義昌・当時一四歳）、「自分を守る手段もあまりない頃で、米兵が入ってきたら、一斗缶を鳴らしてみんな起こしなさい、という指示があったんですよ。空き缶を持っている人は鳴らすことができるけど、持ってない人はできないでしょう。こんな時代だった。伊差川の同じ家に入っていた（収容されていた）人が米兵に連れ去られて、翌日まで帰って来ない。しばらくして自分で今帰仁《なきじん》方面から歩いて帰ってきたが、強姦されたといってその後亡くなられた。ほんとにもうかわいそうでした」（我那覇文子《がなはふみこ》・当時一五歳）という証言が綴られている。

また、故郷が米軍の基地となっていたことで故郷に入れず、近くの集落で暮らしていると「米兵二人が毎日やって来て」「村人の目の前で婦女暴行を平気でやっていた。その無謀さ理不尽さにしびれを切らした婦人たちが」「後で報復されてシマンチュ（村人）全員が殺されてもいいから、あいつらを殺してくれ」と男たちに懇願、一人の日本兵を中心に村の男たちが「婦女を暴行した後、悠々と引き上げて来た」米兵二人を、「一同は怒りを込めて石で頭を打ち砕いた」と述べている（宜保榮治郎『軍国少年がみたやんばるの沖縄戦』）。社会の混乱は子どもや女性、そして障がい者など、弱い立場の人々の命・人権に直結する。

いま、子どもを取り巻く社会は、どのように動いているのだろうか。安倍一強ともいわれた政権を引き継ぐ菅義偉《すがよしひで》政権の動きをみていると、アジアにおける太平洋戦争の加害的責任を顧みず、中国・北朝鮮国を脅威とし国民を煽ることで防衛費を増大させている。その一方で、教育分野では安倍政権時の「憲法や教育基本法等に反しないような形で教育に関する勅語を教材として用いることまでは否定されることではない」という閣議決定（二〇一七年三月三一日）をそのまま踏襲し、小学校では愛国心を子どもに植えつけることを目的に道徳科目が引き続き取り組まれている。このような政策は、国家主義が正当化された戦前を想起するだけでなく、日本国憲法に相反する行為だと考える。

国家主義を貫く国は、国民の人権をないがしろにするなど、中国による香港民主化運動、ミャンマーでの国軍によるクーデターでみられる市民抑圧・虐殺報道などで目の当たりにすることができるが、同じような行為は世界のいたるところで発生している。社会的に弱者と位置づけられた子どもや女性、障がい者らの人権を認めあい尊重することは、国家主義と相反することは明確である。

日本政府がつくりあげた天皇制を頂点とした国家主義のピラミッド構造の根元は家族の家父長制度まで拡がる。その制度方式が男女の役割を規定している一因であることは明らかで、ある政治家らは日本の文化と固辞するが、子どもや女性、障がいを持った人々への人権を自然体で享受できる社会をめざすには、その考え方の改革が求められる。

改めていうまでもないが、戦後の日本は日本国憲法を基盤に歩き始めた。その日本国憲法は「国民主権」「平和主義」「基本的人権の尊重」という三原則で構成されていることは、いまでは小学校六年生で学ぶことができる。しかし、この三原則がなし崩し的になっている状況が全国各地で起き、特に沖縄では、辺野古《へのこ》への米軍新基地建設問題をはじめ、あからさまに国家主義が跋扈《ばっこ》している状況が続く。

各地で起きている国家主義的な日本政府の強硬姿勢を改めさせるには、私たち自身が国民主権をいかしきれていない責任も一つの要因であろう。

日本国憲法前文の一部を紹介する。

日本国憲法前文

日本国民は正当に選挙された国会における代表者を通じて行動し、われらとわれらの子孫のために、諸国民と協和による成果と、わが国全土にわたつて自由のもたらす恵沢を確保し、政府の行為によつて再び戦争の惨禍が起ることのないやうにすることを決意し、ここに主権が国民に存することを宣言し、この憲法を確定する。

（中略）

われらは平和を維持し、専制と隷従、圧迫と偏狭を地上から永遠に除去しようと努めてゐる国際社会において、名誉ある地位を占めたいと思ふ。われらは全世界の国民が、ひとしく恐怖と欠乏から免れ、平和の内に生存する権利を有することを確認する。

戦争を否定し、すべての人々の生きる権利を尊重できる社会づくりの羅針盤は日本国憲法にある。当たり前ではあるが、子ども・女性・障がい者など、すべての国民一人ひとりが、平等な人権を有する主権者であるということを再確認し、政府の行為によって再び戦争が行われないようにしなければならないと考える。本書はそのきっかけになれば幸いである

二度と戦争を起こさないために。

あとがき

米軍フェンスの向こう側では、ゆったりとした芝生のなかに大きな間隔をあけた家々が建ち並び、庭では家族だろうかにぎやかにバーベキューパーティーが開かれていた。一九六〇年に基地の街・コザ市で生まれた私は、もの心が着いたころ、フェンスにしがみつき彼らを見ていた。

嘉手納基地の第二ゲート正面に拡がる空港通り、通称ゲート通りは米兵相手の質屋、土産品店、インド人店主のテーラー（洋裁店）、衣料・刺繡店などが左右に立ち並ぶ。ひと月に二度あるペーデー（給料日）、または土曜日になると米兵らは基地からあふれだし、ゲート通りはにぎわい始める。夕方になると通りに隣接する沖縄人の市場・ゴヤ中央商店街を横切り、毎日がカーニバルのような活気あふれるネオン街・センター通りへと姿を消す。そして夜遅く、市場の裏通り一角にある女性の宿が目覚め、辺りがざわつき始める。

朝、私の通っていたコザ小学校はセンター通りをまたいだところにあった。またぐ、というのは、通りを横断するだけでなく、道端で寝ている米兵らを起こさないようまたぐ時がままあるからだ。センター通りでは路上寝の米兵に注意するだけでなく、顔を上げてバー入口に展示された女性ダンサーの胸露わな写真を見ることも欠かさなかった。

バーの二階に住んでいる友人もいた。友人の家に遊びに行き、床下に潜り込みショーを覗いたこともあった。衝撃だった。ある日、友人が銃弾を拾い火薬を抜いてペンダントにしていた。羨ましかった。実弾の後ろ部分をハンマーで打ち抜く遊びもあった。運が良かったのか、上手かったのか、私の友人にはいなかったが、その時に指を失った子どももいたらしい。そして学校には母親しかいない混血児がおり、彼らは「アイノ子」と呼ばれいじめられていた。

小学校五年生だった一九七〇年一二月、大人が黄色ナンバーの米兵車両を焼き討ちするというコザ暴動事件が起きた。夜中、大きな衝撃音とともに罵声が聞こえ、親は外に出るなと子どもたちを寝かしつけた。そして朝、友人と一緒にゲート通りからゴヤ十字路、さらに一キロ余りの島袋三叉路まで、「どこまで続くのだろう?」と異臭のなかを焼け焦げた米兵車両の跡を追った。大人が怒った理由はわからなかったが子ども心に愉快だった。

そういえば大人はよく拳を上げていた。「沖縄を返せ」「祖国復帰」と夜の集会で、学校の先生たちは昼休み時間に、赤い鉢巻をして大声をあげていた。その矛先にはいつも米軍基地があった。しばらくして新聞を読むようになると、米軍基地がらみの事件事故が子どもの周辺で起きていることがわかった。一九六七年の米兵によるタクシー運転手の刺殺、六八年の爆撃機Ｂ52の墜落事故での住民重軽傷、七〇年の飲酒運転で主婦がひき殺された事件が、前述したコザ暴動へと発展したことはあとから知った。そしてベトナム戦争が終わると米兵たちははしゃぎ、彼らの行動は落ち着くと思ったが、何ら変わることはなかった。

七二年に沖縄が復帰しても彼らの乱暴性は変わることはなく、相変わらず大人たちは集会やデモ行進で米軍と対峙した。子どものころの、友人らとの楽しい遊びの日々は常に危険と隣り合わせで、大人の行動に守られていたと気づいたのは私が結婚し子どもを授かってからだ。子どもには幸せになって欲しい。

米軍基地から派生する事件事故は後を絶たないが、私も子どもに気づかれないように守ってあげることができたらよいと思う。どんな時代でも子どもは大人の背中を見ている。

二〇二一年三月

川　満　彰

参考文献

浅井春夫『沖縄戦と孤児院』吉川弘文館、二〇一六年
浅井春夫・川満彰『戦争孤児たちの戦後史1 総論編』吉川弘文館、二〇二〇年
浅野 誠『沖縄県の教育史』思文閣出版、一九九一年
安仁屋政昭『裁かれた沖縄戦』晩聲社、一九八九年
伊江村教育委員会『伊江島の戦中・戦後体験記録』同、一九九九年
石田磨柱『御真影を死守したふたりの校長』秋田文化出版社、一九八八年
石原昌家『援護法で知る沖縄戦認識』凱風社、二〇一六年
伊志嶺賢二『沖縄戦報道記録 付・学徒従軍記』同、一九六〇年
糸満市史編集委員会『糸満市史 資料編七・戦時資料 下巻』糸満市役所、一九九八年
伊良部村役場『伊良部村史』伊良部村史編纂委員会、一九七八年
岩本 努『教育勅語の研究』民衆刊社、二〇〇一年
宇江城正晴『宇江城正喜を偲ぶ』同、二〇〇一年
浦添市史編集委員会『浦添市史 第五巻資料編四・戦争体験記録』浦添教育委員会、一九八四年
大田昌秀編著『総史 沖縄戦』岩波書店、一九八三年
大田昌秀編著『沖縄 鉄血勤皇隊』高文研、二〇一七年

大田嘉弘『沖縄作戦の統帥』相模書房、昭和五九年
沖縄県警察史編さん委員会『沖縄県警察史 第二巻（昭和前編）』警察本部、一九九三年
沖縄県教育委員会『沖縄県史 第一〇巻各論編九・沖縄戦記録二』同、一九七四年
沖縄県教育庁文化財課史料編集班『沖縄県史 資料編二三沖縄戦六・沖縄戦日本軍史料』沖縄県教育委員会、二〇一二年
沖縄県公文書館所蔵「沖縄出張に関する報告 自昭和三十年七月五日 至昭和三十年八月十五日」
沖縄県公文書館所蔵「独歩一二大隊（賀谷大隊）炊事婦採用に関する資料」（『第一七号第二種軍属に関する書類』）
沖縄県公文書館所蔵「第一七号第二種 軍属に関する書類綴 援護課」
沖縄県公文書館所蔵「昭和二十年四月以降における防衛召集事実資料」
沖縄県退職教職の会婦人部編『ぶっそうげの花ゆれて—沖縄戦と女教師—』ドメス出版、一九八四年
沖縄県婦人連合会編『母たちの戦争体験』同、一九八六年
沖縄県文化振興会公文書館管理部史料編集室『沖縄戦研究Ⅱ』沖縄県教育委員会、一九九九年
沖縄県文化振興会公文書館管理部史料編集室『沖縄県史 各論編六・沖縄戦』沖縄県教育委員会、二〇一七年
沖縄県文化振興会史料編集室『沖縄県史 各論編五・近代』沖縄県教育委員会、二〇一一年
沖縄県平和祈念資料館『沖縄県平和祈念資料館 総合案内』同、二〇〇一年
沖縄県平和祈念資料館所蔵「沖縄戦における学徒の従軍概況」

沖縄県立第三中学校一二期生会回想録編集委員会『回想録 友垣』同、二〇〇一年
沖縄県立図書館史料編集室『沖縄県史料 戦後二・沖縄民政府記録一』沖縄県教育委員会、一九八八年
沖縄県立図書館史料編集室『沖縄県史料 戦後三・沖縄民政府記録二』沖縄県教育委員会、一九九〇年
沖縄市教育委員会『沖縄市 学校教育百年誌』同、一九九〇年
沖縄市総務部総務課市史編集担当『沖縄市史 第五巻・戦争編』沖縄市役所、二〇一九年
沖縄市町村長会長『地方自治七周年記念誌』同、一九五五年
沖縄師範学校龍潭同窓会編『傷魂を刻む―わが戦争体験記―』同、一九六一年
小野雅章『御真影と学校』東京大学出版会、二〇一四年
「恩納村民の戦時物語」編集委員会『恩納村戦時物語』恩納村遺族会、二〇〇三年
恩納村安富祖編集委員会『とよむあふす』安富祖自治会、二〇〇一年
兼城一編著『沖縄一中・鉄血勤皇隊の記録（上）』高文研、二〇〇〇年
鎌田佳子「森有礼の学事巡視―その行程をめぐって―」『立命館文学』六一八、二〇一〇年
上勢頭誌編集委員会『上勢頭誌 中巻通史編二』旧字上瀬頭郷友会、一九九三年
川満 彰『陸軍中野学校と沖縄戦』吉川弘文館、二〇一八年
宜野湾市史編集委員会編『宜野湾市史 第六巻資料編五・新聞集成Ⅱ（戦前期）』宜野湾市、一九八二年
宜保榮治郎『軍国少年がみたやんばるの沖縄戦』榕樹書林、二〇一五年
記念誌発行編集委員会『粟国小学校創立百周年粟国中学校創立五十周年記念誌』粟国小学校創立百周年
粟国中学校創立五十周年祈念事業記念事業期成会、一九九九年

具志川市史編さん委員会『具志川市史　第五巻・戦争編戦時記録』具志川市教育委員会、二〇〇五年
国頭村立楚洲小学校創立百周年記念事業期成会記念誌編集部『国頭村立楚洲小学校創立百周年記念誌』国頭村立楚洲小学校創立百周年記念事業期成会、二〇〇一年
越来小学校創立百周年記念事業期成会『創立百周年記念誌　白椿―越来小学校―』越来小学校、一九八七年
近藤健一郎『近代沖縄における教育と国民統合』北海道大学出版会、二〇〇六年
佐藤秀夫編『続・現代史資料八　教育―御真影と教育勅語一―』みすず書房、一九九四年
座間味村教育委員会『戦世を語りつぐ』同、二〇〇七年
座間味村史編集委員会『座間味村史　下巻』座間味村役場、一九八九年
新里清篤『回想と提言　沖縄教育の灯』弘文堂印刷株式会社、一九八二年
戦時遭難船舶遺族連合会『海なりの底から』同、一九八七年
田井等字誌編集委員会『田井等誌』田井等公民館、二〇〇八年
平良啓子『海なりのレクイエム』民衆社、一九八四年
竹富町史編集委員会町史編集室『竹富町史　第一二巻資料編・戦争体験記録』竹富町役場、一九九六年
玉城村役場『玉城村史　第六巻・戦時記録編』玉城村史編集委員会、二〇〇四年
町史編集委員会『東風平町史　戦争体験記』東風平町、一九九九年
渡嘉敷村史編集委員会『渡嘉敷村史　資料編』渡嘉敷村役場、一九八七年
『南城市の沖縄戦　資料編』専門委員会『南城市史の沖縄戦　資料編』南城市教育委員会、二〇二〇年

仲宗根源和『沖縄から琉球へ』月刊沖縄社、昭和四八年
名護市戦争記録会・名護市史編さん委員会・名護市史編さん室『語りつぐ戦争 第一集』名護市役所、一九八五年
名護市教育委員会文化課市史編さん係『語りつぐ戦争 第二集』名護市教育委員会、二〇一〇年
名護市教育委員会文化課市史編さん係『語りつぐ戦争 第三集』名護市教育委員会、二〇一二年
名護市教育委員会文化課市史編さん係『語りつぐ戦争 第四集』名護市教育委員会、二〇二一年
名護市史編さん委員会『名護市史 本編六・教育』名護市役所、二〇〇三年
名護市史編さん委員会『名護市史 本編三・名護・やんばるの沖縄戦』名護市役所、二〇一六年
名護市史編さん委員会『名護市史 本編三・名護・やんばるの沖縄戦 資料編二』名護市役所、二〇一八年
名護市史編さん委員会『名護市史 本編三・名護・やんばるの沖縄戦 資料編三』名護市役所、二〇一九年
名護市史編さん室『戦後五〇周年記念 名護市戦没者名簿―未来への誓い―』名護市民生課、一九九六年
名護市立真喜屋小学校創立百周年記念事業期成会記念誌部『創立百周年記念誌 名護市立真喜屋小学校』名護市立真喜屋小学校、一九九六年
なごらん二一期生委員『戦時下の学園記』なごらん二一期生なごらん同窓会、一九九六年
那覇市教育委員会『那覇市教育史 通史編』同、二〇〇二年

西塚邦雄編『琉球教育（全一二巻）』同、一九八〇年
西原町立図書館所蔵『村制十周年記念 村勢要覧西原村 一九五六年』
西原町役場『太平洋戦争・沖縄戦西原町世帯別被災者記録』同、一九九六年
南風原町史編集委員会『南風原が語る沖縄戦』南風原町、一九九九年
南風原町南風原文化センター『南風の杜 南風原文化センター紀要』一九号、二〇一六年
林　博史『沖縄からの本土爆撃』吉川弘文館、二〇一八年
ひめゆり平和祈念資料館編『生き残ったひめゆり学徒たち』同、二〇一二年
ひめゆり平和祈念資料館編『ひめゆり平和祈念資料館 資料編・沖縄戦の全学徒（改訂版）』同、二〇二〇年
平井美津子編『シリーズ戦争孤児三 沖縄の戦場孤児』汐文社、二〇一五年
平井美津子・本庄豊編『戦争孤児たちの戦後史二 西日本編』吉川弘文館、二〇二〇年
防衛庁防衛研究所戦史室『戦史叢書 沖縄方面陸軍作戦』朝雲新聞社、一九六八年
又吉盛清『日露戦争百年』同時代社、二〇〇五年
美里小学校創立百周年記念事業期成会『創立百年誌記念誌 沖縄市立美里小学校』沖縄市立美里小学校、一九八二年
宮里松正『三中学徒隊』三中学徒之会、一九八二年
宮良　作『日本軍と戦争マラリア』新日本出版、二〇〇四年
本部町立瀬底小学校創立百周年記念事業期成会記念誌編集部『瀬底小学校創立百周年記念誌』本部町立

瀬底小学校創立百周年記念事業期成会、一九九二年
山田実・外間政太郎編『親父たちの戦記』朝日印刷、二〇〇八年
読谷村史編集委員会『読谷村史 第五巻資料編四・戦時記録 上巻』読谷村役場、二〇〇二年
読谷村史編集委員会『読谷村史 第五巻資料編四・戦時記録 下巻』読谷村役場、二〇〇四年
琉球政府『沖縄県史 第四巻各論編三・教育』同、一九六六年
琉球政府『沖縄県史 第九巻各論編八・沖縄戦記録一』同、一九七一年

著者紹介

一九六〇年、沖縄県コザ市に生まれる
二〇〇六年、沖縄大学大学院沖縄・東アジア地域研究専攻修了
現在、名護市教育委員会文化課市史編さん係会計年度任用職員

〔主要編著書・論文〕

『陸軍中野学校と沖縄戦』（吉川弘文館、二〇一八年）
『戦争孤児たちの戦後史一　総論編』〈共編〉（吉川弘文館、二〇二〇年）
「沖縄本島における米軍占領下初の学校『高江洲小学校』」（沖縄大学地域研究所『地域研究』七、二〇一〇年）

歴史文化ライブラリー
526

沖縄戦の子どもたち

二〇二一年（令和三）六月一日　第一刷発行

著　者　川《かわ》満《みつ》　彰《あきら》
発行者　吉川道郎
発行所　株式会社　吉川弘文館
東京都文京区本郷七丁目二番八号
郵便番号一一三―〇〇三三
電話〇三―三八一三―九一五一〈代表〉
振替口座〇〇一〇〇―五―二四四
http://www.yoshikawa-k.co.jp/
印刷＝株式会社 平文社
製本＝ナショナル製本協同組合
装幀＝清水良洋・宮崎萌美

ISBN978-4-642-05926-8

歴史文化ライブラリー

1996. 10

刊行のことば

現今の日本および国際社会は、さまざまな面で大変動の時代を迎えておりますが、近づきつつある二十一世紀は人類史の到達点として、物質的な繁栄のみならず文化や自然・社会環境を謳歌できる平和な社会でなければなりません。しかしながら高度成長・技術革新にともなう急激な変貌は「自己本位な刹那主義」の風潮を生みだし、先人が築いてきた歴史や文化に学ぶ余裕もなく、いまだ明るい人類の将来が展望できていないようにも見えます。このような状況を踏まえ、よりよい二十一世紀社会を築くために、人類誕生から現在に至る「人類の遺産・教訓」としてのあらゆる分野の歴史と文化を「歴史文化ライブラリー」として刊行することといたしました。

小社は、安政四年（一八五七）の創業以来、一貫して歴史学を中心とした専門出版社として書籍を刊行しつづけてまいりました。その経験を生かし、学問成果にもとづいた本叢書を刊行し社会的要請に応えて行きたいと考えております。

現代は、マスメディアが発達した高度情報化社会といわれますが、私どもはあくまでも活字を主体とした出版こそ、ものの本質を考える基礎と信じ、本叢書をとおして社会に訴えてまいりたいと思います。これから生まれでる一冊一冊が、それぞれの読者を知的冒険の旅へと誘い、希望に満ちた人類の未来を構築する糧となれば幸いです。

吉川弘文館